© 2022, Buzz Editora
© 2022, Fernando Godoy

Publisher ANDERSON CAVALCANTE
Editora TAMIRES VON ATZINGEN
Assistente editorial JOÃO LUCAS Z. KOSCE
Estagiária editorial LETÍCIA SARACINI
Preparação PAMELA P. CABRAL DA SILVA
Revisão LIGIA ALVES, LEANDRO RODRIGUES
Projeto gráfico ESTÚDIO GRIFO
Assistentes de design NATHALIA NAVARRO, LETÍCIA ZANFOLIM
Imagem de capa VOLODYMYR_SHTUN/SHUTTERSTOCK

Nesta edição, respeitou-se o novo Acordo Ortográfico da Língua Portuguesa.

Dados Internacionais de Catalogação na Publicação (CIP)
de acordo com ISBD

G589m
    Godoy, Fernando
        Metaverso: como gerar oportunidades e fazer negócios na Web3 / Fernando Godoy.
        São Paulo: Buzz Editora, 2022
        160 pp.
        ISBN 978-65-5393-121-3

    1. Negócios. 2. Oportunidades. 3. Web3. I. Título.

2022-1945   CDD 658.4012
                                                      CDU 65.011.4

Elaborado por Vagner Rodolfo da Silva – CRB-8/9410
Índice para catálogo sistemático:
1.   Negócios 658.4012
2.   Negócios 65.011.4

Todos os direitos reservados à:
Buzz Editora Ltda.
Av. Paulista, 726, Mezanino
CEP 01310-100 – São Paulo/SP
[55 11] 4171 2317 | 4171 2318
contato@buzzeditora.com.br
www.buzzeditora.com.br

Fernando Godoy

METAVERSO

Como gerar oportunidades e fazer negócios na Web3

Dedico este livro a todos os professores, agentes da transformação do nosso país, e a todos os profissionais de tecnologia, geralmente anônimos, escondidos atrás das suas telas, que, por meio da tecnologia, criam, desenvolvem e aproximam o mundo físico do digital para que tenhamos um mundo melhor.

Desejo que o encontro entre a educação e o metaverso tenha um impacto positivo em nossa sociedade.

Continuarei a ser um eterno estudante e um disseminador das boas inovações.

- 9 **PREFÁCIO**
- 13 **INTRODUÇÃO**
- 21 **PARA QUEM É ESTE LIVRO?**

25 1. METAVERSO
- 27 1.1 Definição
- 29 1.2 Metaverso × multiverso
- 30 1.3 Da realidade mista ao metaverso
- 30 1.4 Inclusão social
- 32 1.5 Viver e trabalhar
- 32 1.6 Dos cinco sentidos, já temos quatro
- 33 1.7 Em qual fase estamos?
- 33 1.8 Por que não tem mais volta?
- 35 1.9 Modelo híbrido
- 35 1.10 Infraestrutura real × virtual
- 35 1.11 Infinitas possibilidades
- 36 1.12 Desconfiança?

39 2. CONCEITOS E SERVIÇOS
- 41 2.1 Realidade aumentada
- 42 2.2 Realidade virtual
- 43 2.3 Realidade mista: o melhor dos dois mundos
- 44 2.4 Inteligência artificial
- 48 2.5 5G
- 49 2.6 6G
- 50 2.7 *Peer-to-peer*
- 50 2.8 Avatar
- 51 2.9 Holografia
- 51 2.10 Discord
- 51 2.11 Gamificação
- 52 2.12 *Whitepaper*
- 52 2.13 Impressão 3D

53 3. A NOVA ECONOMIA
- 55 3.1 A Era da Abundância
- 56 3.2 Os 6Ds
- 58 3.3 Rendas virtuais
- 59 3.4 O tamanho do mercado
- 60 3.5 As sete camadas do metaverso
- 63 3.6 Blockchain
- 64 3.7 Tokens
- 65 3.8 Criptomoedas
- 67 3.9 A rede Ethereum
- 68 3.10 O trilema do blockchain
- 69 3.11 EOS
- 70 3.12 DEFI
- 70 3.13 Carteira digital
- 70 3.14 dApp
- 71 3.15 DAO

73 4. NFTs
- 75 4.1 Definição
- 78 4.2 Jogos NFT
- 78 4.3 Escassez, marketing e clubes exclusivos

81 5. ECOSSISTEMAS
- 83 5.1 Metaverso *gateways*
- 86 5.2 Transações no metaverso
- 87 5.3 Mainstream

91	**6. AVATARES E IDENTIDADES DIGITAIS**	117	**8. EDUCAÇÃO NO METAVERSO**
93	6.1 Criando a sua identidade digital	119	8.1 Experiências imersivas e sensoriais
94	6.2 Interoperabilidade	120	8.2 Na prática
		121	8.3 Melhorando a experiência
95	**7. OPORTUNIDADES**	123	**9. PROFISSÕES DO METAVERSO**
97	7.1 Novas experiências de compra	126	9.1 Finanças
98	7.2 A recompensa por ser pioneiro	128	9.2 Indústria
		130	9.3 Tecnologia
99	7.3 Os distritos e o conceito de comunidades	132	9.4 Varejo
99	7.4 Corporativo	135	**10. CRIANDO UM PROJETO PARA O METAVERSO**
100	7.5 Mercado imobiliário	139	10.1 Presença no metaverso
102	7.6 Quais sonhos as marcas podem realizar para os seus clientes?	139	10.2 Lançando NFTS
		141	10.3 Experiência
		142	10.4 *Phygital*
102	7.7 Setor alimentício	143	10.5 Dados
103	7.8 Pessoa física	143	10.6 Moeda
105	7.9 Moda		
106	7.10 Games	145	**11. SEGURANÇA DIGITAL**
109	7.11 Saúde digital	147	11.1 O que é segurança digital?
110	7.12 Indústria		
111	7.13 Investindo no metaverso	148	11.2 Diferença entre hackers e crackers
112	7.14 Turismo		
114	7.15 Casas noturnas e cassinos	151	**12. IMPACTOS, REFLEXÕES E CONCLUSÕES**
115	7.16 Cheiro no metaverso (*digital smell*)	153	12.1 Impactos
		155	12.2 Reflexões
		156	12.3 Conclusões

PREFÁCIO

Você saberia dizer, sem titubear, se o seu negócio pode ser caracterizado como uma empresa da velha ou da nova economia? Para os que responderam rápido, um alerta: mesmo que sua empresa tenha sido criada de forma tecnológica, inovadora e até mesmo digital, nada garante que ela faça parte da nova economia. Eu explico:

A expressão "nova economia" muitas vezes é usada simplesmente para indicar o início de algo diferente. Cada vez mais, nos deparamos com os termos "nova estratégia", "nova economia" e, nesses últimos anos, com o "novo normal". O fato é que padrões "inéditos" não são estabelecidos da noite para o dia. Tampouco a chegada desses novos padrões significa que tudo relacionado ao "velho" conceito não faz mais sentido. Dessa forma, o que caracteriza uma nova economia é o processo de transição de produtos para serviços, assim como a introdução de tecnologia, a colaboração, o valor do usuário (ou consumidor) e a velocidade dos processos – em escala cada vez maior e mais abrangente.

Porém, note como é interessante: se olhamos a partir dessa perspectiva para as empresas criadas da década de 1990 para cá, muitas delas se enquadram nesse perfil, embora tenham sido fundadas no século passado. Isso nos leva a uma nova questão: o que é novo na nova economia?

A meu ver, todos devemos aprender a praticar a nova economia. Ou seja, basicamente devemos pôr a tecnologia e a inovação a serviço da criação de uma nova consciência, capaz de desenvolver novos modelos de negócio, novos modelos operacionais, novos modelos de distribuição. Novos modos de trabalho e de produção, novas redes, cadeias de valor, novas formas de entender o que é resultado e novas formas de cobrar e de se relacionar.

As empresas encontrarão muitos desafios nesta transição. Entre eles, a criação de marcas que se adaptem às mudanças do mercado sem perder sua essência, preservando assim seu propósito e sua autenticidade. O próprio conceito de sucesso mudou. Você já se deu conta disso?

Outras palavras também ganharam notoriedade nos últimos tempos, tais como metaverso, NFTs, criptomoedas, IA, blockchain, tokens, entre tantas outras que compõem esse "novo universo" e essa nova economia, e cujos conceitos serão amplamente discutidos e inter-relacionados neste livro.

Aliás, essa interconexão indica o caminho que a sociedade contemporânea tem trilhado, em busca da disrupção e de soluções que primam pela conveniência – em qualquer etapa do relacionamento e do consumo. Surgem possibilidades e oportunidades com as quais há algum tempo nem sequer se sonhava. Nesta que podemos chamar de "nova economia virtual", pessoas e empresas têm um território novo e ainda pouco explorado para criar e fortalecer suas marcas de forma escalável e sem limites – afinal, neste novo cenário que se consolida, não existem fronteiras.

Os conceitos, as informações e propostas que você irá encontrar nas próximas páginas mostram que o metaverso, bem como tudo que o compõe, não é mais uma especulação ou um mundo de incertezas, não está mais no futuro próximo. Ele já está aqui, fazendo a ponte entre os mundos físico e virtual.

Para alguns, os termos e aplicações dos principais conceitos deste livro podem ser novidade. Para outros, o livro representará uma oportunidade de ampliar seus conhecimentos e refletir sobre suas projeções a partir de visões complementares. Independentemente de qual for o seu caso, aproveite a imersão nesse novo mundo que estamos ajudando a construir.

Boa leitura!

João Kepler
Escritor, anjo-investidor e CEO da Bossanova Investimentos

INTRODUÇÃO

Ultimamente, muito se tem falado sobre o metaverso. No final de 2021, o termo se tornou um dos mais pesquisados no Google, chegando a superar em alguns momentos a busca por covid. A sigla NFT seguiu o mesmo caminho, se desdobrando em pesquisas sobre blockchain, criptomoedas, Ethereum, OpenSea, Decentraland, Roblox, carteira virtual, entre outros termos. Mas, ao final, tudo gira em torno da palavra "metaverso", ou do seu sinônimo, "Web3", trazendo à nova economia virtual inúmeras oportunidades para pessoas e empresas. O metaverso em breve será tão onipresente quanto o TikTok, o Instagram e o Facebook (agora Meta).

Apesar do cenário de muita euforia, vários gurus de plantão tentam prever os acontecimentos, enquanto há outro grupo que demonstra ceticismo em relação a esse novo contexto, não dando a devida importância aos avanços da tecnologia.

Neste livro vou apresentar a você, leitor, os dois lados da moeda, e vou deixá-lo julgar o que é importante, o que faz sentido para a sua vida pessoal e profissional e o que é mera especulação.

Todos os exemplos citados aqui apresentam ideias e *cases* para que você conheça o metaverso, aprenda sobre ele e reflita sobre essa realidade. O livro não ostenta nem sugere recomendações, sejam elas de compra de criptomoeda, de investimentos em terreno virtual ou de abandono de carreira para se tornar um gamer profissional e ganhar criptomoedas. Reitero: você sempre deve pesquisar muito antes de tomar qualquer decisão e precisa entender os riscos envolvidos nela, principalmente quando o assunto são investimentos no mercado virtual.

Cabe ressaltar a importância e a evolução da tecnologia nos últimos anos. Antes vista como elemento relevante para melhorar processos, reduzir custos, agilizar o fluxo de informação e derrubar fronteiras, hoje a tecnologia é considerada essencial. Por causa disso, para chegarmos ao metaverso são necessários dois elementos: a experiência e o leque de serviços. Quanto à experiência, mais pessoas estão sendo atraídas para o metaverso e mais tempo podem passar nele. E, quanto mais tempo as pessoas passarem no metaverso, mais ofertas de serviços relacionadas ao entretenimento, às compras, à comunicação, à educação e à socialização surgirão.

Já adianto a minha opinião: apesar de ser um grande entusiasta do metaverso e de atuar em tecnologia há mais de 25 anos, acredito muito no modelo híbrido. Não acredito que tudo será on-line, que não teremos mais eventos, aulas ou encontros presenciais, mas tenho certeza de que a tecnologia está à disposição para ajudar as pessoas e a sociedade, mesmo que algumas empresas distorçam essa visão e usem as inovações para fins indevidos.

A área do metaverso que mais me empolga é a educação. Claro que vamos falar sobre oportunidades, nova economia digital, entretenimento e até um pouco de alienação. Mas é na educação que se deve, a meu ver, tirar o maior proveito da tecnologia e ter competência para usar as ferramentas virtuais de forma correta, sem exageros. Sempre precisaremos de professores e aulas presenciais, porque são importantes o contato visual, o aperto de mão e a socialização. Portanto, por mais que a tecnologia evolua, não desejo que passemos o resto de nossas vidas trancados 100% do tempo dentro de casa.

A educação no Brasil, sempre deixada em segundo plano desde a nossa construção como nação, tem a chance de oferecer conteúdo de qualidade e igualitário por meio de experiências imersivas no metaverso. Para isso, é preciso que os professores e as autoridades ligadas ao ensino sejam entusiastas da tecnologia.

Quando veio a pandemia de Covid-19, a tecnologia quebrou inúmeros paradigmas e possibilitou o home office. Isso foi apenas a ponta do iceberg para que todos entendessem que os nossos alunos podem estar em salas de aula em determinados momentos, mas em outros podem utilizar o metaverso para aprender, viajar no tempo, trocar experiências, tirar as suas próprias conclusões e tomar decisões. Somente a educação garante o nosso desenvolvimento social, econômico e cultural. Que o metaverso seja o grande potencializador dessa virada econômica e educacional!

UM FENÔMENO CHAMADO NFT

Estamos iniciando um novo ciclo através do metaverso. Ele está acontecendo, e a maioria da população não está percebendo ou não tem a mínima ideia do que está por vir. Esse contexto é parecido com o do início da internet, em 1990. Em 1996, eu morava nos Estados Unidos e não tinha para quem enviar e-mail aqui no Brasil, pois os meus amigos e familiares simplesmente não acessavam a internet. Em 2000, ano em que voltei para cá, as empresas estavam fazendo websites enquanto o e-commerce já acontecia nos Estados Unidos. Uma segunda revolução silenciosa ocorreu com a chegada dos smartphones e o desenvolvimento de inúmeros aplicativos. Agora iniciamos a revolução do metaverso, que proporciona os verdadeiros direitos de propriedade digital provenientes dos NFTS, mas as pessoas não têm ciência de suas implicações.

Lembro de um jogo on-line chamado *CryptoKitties*, lançado em 2017, que permite aos jogadores comprar, vender, coletar e criar diferentes tipos de gatos virtuais. Ele usa o blockchain Ethereum e é negociado na criptomoeda Ether. Faz cinco anos que esse jogo utiliza NFTS, e, mesmo depois de todo esse tempo, poucas pessoas imaginam o que são, para que servem e quais são as possibilidades relacionadas aos NFTS. O OpenSea, atualmente um dos principais marketplaces de NFT, também ganhou vida em 2017, e o *Axie Infinity*, um dos games mais populares, surgiu em 2018.

Mas o que faz o NFT ser tão grandioso? Senso de propriedade. Isso explica o sucesso do *Banco Imobiliário*, jogo no qual as pessoas se reúnem em volta de um tabuleiro ou de um aplicativo e disputam a compra e a venda de imóveis. De alguma forma, todos nós queremos ser proprietários de algo e acumular riqueza, e o metaverso oferece a todos essa possibilidade, tanto a pessoas físicas quanto a pessoas jurídicas.

Esses ativos digitais são registrados na blockchain de forma única e verificável, ressaltando mais uma vez o senso de propriedade. Isso possibilitou a mudança de jogos tradicionais, estilo *play to win* (jogar para vencer), para jogos NFTS, estilo *play to earn* (jogar para ganhar). Todos nós queremos ser recompensados quando jogamos um esporte real, e o mesmo acontece quando jogamos um game e-sport. No final do dia gostamos de um incentivo, uma recompensa, além de um bom divertimento. Sim, sempre que possível o ser humano busca algo de valor monetário.

METAVERSO: A PONTE QUE LIGA DOIS MUNDOS

Estamos passando por um processo de mudança cultural suportado por inovações tecnológicas. Os consumidores digitais não só carregam uma identidade física como criam uma identidade digital, esta por meio de um avatar ou de um nickname (apelido). Dessa forma, João da Silva se transforma em Furius87 e se torna uma autoridade no mundo virtual. Mas essa identidade digital é abandonada quando ele está na escola ou no trabalho, porque há uma ruptura entre a vida real e a virtual. Aí entra o metaverso, integrando esses dois mundos por meio de tecnologias, como a realidade aumentada, que projeta um conteúdo virtual sobre o mundo real, e da comercialização de NFTs, que geram propriedades compradas com dinheiro real, convertido em *asset* (ativo) digital e depois vendido, voltando a ser real.

O que é inevitável não é a morte, mas a mudança. A mudança é a única realidade permanente. O metaverso evolui, fractalmente e para sempre.
ROBERT CHARLES WILSON

ECONOMIA E NEGÓCIOS NO METAVERSO

Se o metaverso cria experiências imersivas e o direito verdadeiro de propriedade, entendemos que estamos mudando a nossa forma de aprender, nos divertir, socializar e comprar, certo? No e-commerce mapeamos toda a jornada de compra do cliente, que primeiro faz uma pesquisa, lê um artigo ou clica num banner, depois é direcionado a um site, navega pelo catálogo de produtos, compara preços, adiciona ao carrinho de compras para, só então, comprar. No metaverso as empresas podem oferecer novas experiências e *assets* diferentes para os consumidores.

Cada interação no metaverso é um dado coletado. A inteligência artificial capta esse dado e aprimora a jornada do consumidor (entenda-se avatar). O que no e-commerce é uma simples sugestão do tipo "pessoas que compraram este livro também compraram X, Y e Z", no metaverso, após uma aula sobre sustentabilidade, por exemplo, um novo portal se abre para o seu avatar e em sua tela surgem, em formato 3D, vários tipos de coletor solar, mostrando como funciona a captação e quanto você economiza por mês. Um vendedor (avatar ou vídeo) estará a sua disposição para tirar dúvidas e apresentar outros produtos. Você também pode comprar um NFT em que parte da renda vai para um projeto social ou para o desenvolvimento de pesquisas. Esse mesmo NFT lhe dá direito a participar presencialmente de um workshop com especialistas sobre o tema. Observe que estamos falando de uma nova experiência, seja educacional, de entretenimento, de trabalho, de socialização ou de compras (ou todas elas juntas), seja de propriedade (física e digital). Imagine as possibilidades de criação que as empresas têm nesse mercado inédito. Experimentar é o melhor remédio!

PARA QUEM É ESTE LIVRO?

O metaverso será muito mais abrangente e poderoso que qualquer outra coisa. Se uma empresa central obtiver o controle disso, ela se tornará mais poderosa do que qualquer governo e será um Deus na Terra.
TIM SWEENEY

Tanto aqueles que querem entender melhor o metaverso, se questionam sobre o tema ou estão pensando em como entrar nele, quanto aqueles que já estão fazendo os primeiros experimentos nesse novo universo, não se preocupem: este livro mostra e confirma que o metaverso é algo sem volta. Aqui apresento a sua origem e todas as oportunidades disponíveis, inclusive novas profissões, e mostro também alguns dilemas a serem resolvidos.

Outro público deste livro são os céticos em relação a quão presente o metaverso será em nossas vidas. Eu gosto sempre de lembrar que, ao surgir uma nova tecnologia, muitas pessoas, sem terem um conhecimento adequado sobre o assunto, saem opinando negativamente ou pondo-a em dúvida. Se voltarmos no tempo, vamos lembrar de declarações do tipo "a TV vai acabar com o rádio", ou que o ensino à distância iria acabar com a sala de aula, que as pessoas nunca comprariam algo on-line, que a inteligência artificial roubaria todos os empregos, que o metaverso não passaria de um videogame e que o NFT seria mera especulação. Tenho a esperança de que este livro abrirá a mente de quem pensa assim, mostrando o lado positivo (e também o negativo) do metaverso. Espero que esta leitura ajude você a chegar a uma conclusão e que, principalmente, faça você querer buscar mais informações sobre o tema.

Ao longo da minha carreira em tecnologia, unindo o meu conhecimento ao da minha equipe, apresentei alguns insights que nos levaram a expandir na prática as possibilidades sobre a primeira plataforma metaverso 100% nacional, lançada por nós no mercado brasileiro em 2021. Os feedbacks dos clientes, nossos erros e acertos e as discussões internas até o momento me fizeram compreender que iniciaremos um novo momento, uma mudança cultural sustentada por tecnologias inovadoras e experiências imersivas.

Espero que o mesmo fascínio que o metaverso exerce sobre mim, embora eu não queira morar nele 24 horas por dia, desperte em você, caro leitor, o desejo de se aprofundar no assunto e de iniciar sua jornada. Não importam o seu cargo atual, o seu histórico profissional nem o porte da sua empresa, seja você um artista independente ou um grande executivo. O metaverso abraçará a todos, dos pequenos comerciantes às marcas globais. Foi assim com as mídias sociais e será assim com o metaverso. Que as empresas possam compreender e se conectar com os hábitos dos novos consumidores digitais no metaverso e gerar novas receitas antes impensadas, mas agora possíveis.

Convido você, leitor, a descobrir uma nova era de possibilidades. Nos encontramos do outro lado!

1
O METAVERSO

Hoje acho que olhamos para a internet, mas acho que no futuro você estará nas experiências.
MARK ZUCKERBERG

A velocidade do mundo aumenta de modo exponencial, e no metaverso você poderá ser quem sempre desejou ser. Basta imaginar e clicar.

A Web3 desponta como o renascimento da internet. Se voltarmos no tempo, o primeiro ciclo da internet era descentralizado, com páginas estáticas e seus hiperlinks. Depois, na Web2, as gigantes Google e Facebook centralizaram em seus aplicativos o que os usuários poderiam ver e fazer. Na verdade, as redes sociais foram uma preparação para o metaverso; nelas, começamos a mostrar somente o lado bom da vida, como se vivêssemos em uma realidade perfeita, exibindo nossas vitórias, viagens, comidas favoritas, passeios, shows, compras, amizades, marcas famosas e fotos com celebridades. Mas todo esse conteúdo ainda é centralizado nas Big Five (Amazon, Google, Facebook, Apple e Microsoft).

Com o metaverso (Web3), estamos voltando à descentralização, ou pelo menos tentando fazer isso, dando poder aos usuários para gerar e transacionar criptomoedas, NFTs, jogar, socializar e comprar tudo que for oferecido por outras plataformas. Sim! O metaverso permite tudo isso e o que mais a sua imaginação for capaz de empreender, porque ele é síncrono e permanente.

1.1
DEFINIÇÃO

Bem-vindo ao metaverso. Espaço coletivo, compartilhado, composto de realidade virtual aumentada, inteligência artificial (IA) e internet. Nele, podemos replicar a realidade por meio de dispositivos digitais. O metaverso proporciona novas formas de aprender, trabalhar, socializar e se divertir. Alguns chamam de *phygital* (união do físico com o digital) ou de internet espacial, Web3.

Meta significa "além", o que nos induz a pensar em algo futurista, a ser descoberto, e em novas possibilidades além do que podemos enxergar. E *verso* é universo. Portanto, além do espaço físico.

Esse termo foi cunhado em 1992 na obra *Snow Crash*, de Neal Stephenson. O livro conta que um entregador de pizza no mundo real poderia se transformar num príncipe guerreiro no metaverso, uma espécie de cyberpunk no universo virtual. Trinta anos depois do lançamento da história imaginada pelo autor, estamos nos aproximando dessa realidade. Você em dois lugares ao mesmo tempo. Muitos devem se lembrar de um metaverso chamado *Second Life* (2003), uma grande inovação que não vingou por falta de infraestrutura e conectividade adequadas. Mas que foi uma grande ideia, foi! Foi? Continua sendo.

O metaverso é a próxima fronteira da conexão social. É a evolução da internet atual. Ambiente persistente, 3D, com padrões interoperáveis, síncrono, aberto a um número ilimitado de participantes, com uma economia autônoma e funcional. Proporciona uma experiência de realidade mista (off-line e virtual) – possivelmente em plataforma blockchain, sem comando e controle do algoritmo. Significa estar presente em um espaço, sempre alimentado por novos criadores no metaverso, sendo você mesmo ou por intermédio de um personagem, engajado em atividades. Um conector de todas as tecnologias que ajuda a tornar mais significativo o tempo on-line, pois cria a sensação de que as pessoas estão próximas umas das outras.

> *À medida que os celulares amadureceram e se tornaram corriqueiros, as pessoas que dedicam tempo a pensar sobre o futuro passaram a se perguntar o que vem a seguir. Nos últimos dois anos havia uma dúzia ou mais de ideias flutuando, mas agora toda a excitação se concentrou em torno da Web3, uma reconceituação de cripto, e do metaverso, uma reconceituação de realidade virtual e aumentada.*
> BEN EVANS

1.2
METAVERSO × MULTIVERSO

As diferenças entre metaverso e multiverso são conceituais. O metaverso é um único ecossistema compartilhado. O multiverso é composto por múltiplos mundos virtuais que criam diferentes ecossistemas.

Enquanto o metaverso é uma realidade paralela que ocorre entre o mundo real e o mundo virtual, o multiverso é composto de muitos universos. O primeiro tem um único universo e inclui vários elementos, como realidade aumentada, virtual, inteligência artificial, avatares, ambientes 3D, áudio espacial e transações NFTs. O multiverso inclui apenas mundos virtuais distintos.

Um exemplo ilustrativo são os filmes da Marvel, nos quais os personagens acessam o multiverso. Se fizermos uma analogia com nosso mundo físico, cada planeta seria um metaverso, com características específicas, e o sistema solar, que compreende todos os planetas, seria o multiverso.

Um discurso com força mágica. Hoje em dia, as pessoas não acreditam nesse tipo de coisa. Exceto no metaverso, isto é, onde a magia é possível. O metaverso é uma estrutura fictícia feita de código. E o código é apenas uma forma de fala – a forma que os computadores entendem.
NEAL STEPHENSON

1.3
DA REALIDADE MISTA AO METAVERSO

Imagine-se caminhando por um parque da sua cidade. Ao se deparar com uma árvore, você quer saber mais sobre ela. Você ativa o seu dispositivo digital e automaticamente saltam diante dos seus olhos todas as informações importantes sobre essa árvore, como nome científico, origem, onde encontrar mais dessa espécie e tempo médio de crescimento.

Imagine que, nesse mesmo parque, você se lembre de que precisa comprar um produto. Basta acessar uma *vending machine* virtual e logo o produto será entregue em sua casa enquanto você ainda está caminhando. Então, você encontra um amigo vestido com uma camiseta de um tecido e estampa que o agradam. Usando o mesmo dispositivo digital, você tem acesso a detalhes sobre o tipo da malha, o nome do artista que fez a estampa, quais as lojas mais próximas para comprar a camisa, as cores disponíveis e o preço do produto.

Se, em vez de andar fisicamente pelo parque, você estivesse caminhando com o seu avatar em qualquer parque virtual que escolhesse, tudo isso seria possível. E sabe onde isso é possível? No metaverso.

1.4
INCLUSÃO SOCIAL

O metaverso abraça todas as causas e tecnologias com o objetivo de melhorar as conexões humanas por meio de plataformas e experiências que se aproximem do presencial. Ele se torna um espaço inclusivo, igualitário, pois permite a você, independentemente da sua classe social, passear com os seus amigos num shopping, num clube, num bar, visitar outros países, assistir a shows e aulas de grandes especialistas.

Se você não dispuser de recursos financeiros ou de acessibilidade para assistir à aula de um especialista, o metaverso poderá democratizar esse acesso e oferecer uma experiência similar ou até mesmo superior à do presencial, dependendo dos recursos utilizados. A tecnologia tem esse papel natural de incluir as pessoas, fazendo novos usuários acessarem diretamente esses espaços de oportunidades. Isso aconteceu com países em desenvolvimento, que pularam o telefone fixo e entraram direto no celular. A tecnologia faz certos grupos darem saltos e pularem etapas. No final temos um número cada vez maior de pessoas se relacionando, aprendendo e consumindo porque a tecnologia proporcionou esse acesso.

Começamos com os games e agora as interações virtuais estão cada vez mais cercadas de tecnologia (hardware e software). Cada vez mais, o tempo investido nessas interações aumenta.

Mas agora está acontecendo outra coisa: estamos saindo das interações via aplicativos de celular, que enfrentam certa limitação dentro de uma tela retangular, e expandindo para novos hardwares (óculos de realidade virtual) e plataformas (OpenSea e *Fortnite*), tendo a sensação de que estamos realmente com outras pessoas.

Voltando um pouco no tempo, começamos as interações virtuais enviando textos para outras pessoas, depois os celulares com câmeras levaram essas interações a outro nível; saindo dos textos, fomos para as fotos e, depois, com a melhoria da conexão de internet, para os vídeos. O que vem depois dos vídeos? Que tal sua projeção em holograma em tempo real na sala de outra pessoa?

Sim, o mercado vai mudar totalmente dentro de três a cinco anos, e a conexão 5G será uma grande catalisadora dessa experiência. No entanto, além da evolução natural da tecnologia, o metaverso tem a função de expandir a economia digital e incluir os desprivilegiados do mundo real, que não têm os devidos conforto, educação, trabalho e oportunidades. As oportunidades criadas no mundo virtual podem impactar a vida de milhões de pessoas, seja provendo uma educação de melhor qualidade e condições empregatícias mais acessíveis, seja despertando uma conscientização nas empresas. Em breve, as companhias terão novas receitas geradas pelas transações de NFTs, e parte dessa nova receita digital poderá ser destinada às práticas recomendadas de ESG, a sustentabilidade empresarial composta pelos três pilares: ambiental, social e governança. Espera-se que o metaverso aumente o impacto no s (social).

Se o metaverso tem como base fundamental as pessoas, pois elas são o combustível do mundo virtual, que esse universo possa entregar benefícios para o maior número possível de seres, independentemente da classe ou condição social.

1.5
VIVER E TRABALHAR

Quem quero ser no metaverso? Um DJ, um mágico, um cantor, um designer, um gamer, um influencer, um ativista, um gato, um cachorro, um dinossauro, o Júlio César, o Winston Churchill, o dr. Frankenstein ou o seu monstro?

O que vou fazer? Abrir um novo negócio, vender, consumir, produzir conteúdo, entreter, anunciar? O metaverso pode oferecer o escritório virtual de sua empresa para você ir trabalhar com o seu avatar em tempos de home office.

O metaverso proporciona tudo o que você gostaria de ser. Nesse universo paralelo, a criatividade é o único limitador dos seus sonhos. Isso impulsiona a nova economia, que é a virtual, e os novos trabalhos e habilidades necessários que estão surgindo a cada instante.

1.6
DOS CINCO SENTIDOS, JÁ TEMOS QUATRO

A visão, a audição, o tato e o olfato já estão disponíveis no metaverso.

A visão e a audição estão incorporadas pela câmera e pelo microfone do computador ou celular, e pelos óculos de realidade virtual (VR). O tato, pelos vestíveis (vestes hápticas – roupas com sensores), que permitem a sensação de toque, calor e frio. O olfato já é uma realidade a partir dos óculos VR acoplados a kits experimentais que liberam cheiro (*digital smell*). E o paladar? Está a caminho um novo tipo de impressão

3D, capaz de "imprimir" um alimento, um prato de um chef famoso ou uma receita.

1.7
EM QUAL FASE ESTAMOS?

Ainda estamos na fase dos *early adopters*. Os *early adopters* são um grupo de usuários abertos à experimentação de novidades. Essas pessoas mostram mais disposição para experimentar e adquirir novas tecnologias e soluções, mesmo que estas ainda não tenham sido testadas por outros indivíduos.

E quem serão essas pessoas?

Além dos gamers e pessoas atuantes no ramo da tecnologia, podemos incluir como *early adopter* quem não está satisfeito com a sua realidade e gostaria de testar as novas possibilidades.

1.8
POR QUE NÃO TEM MAIS VOLTA?

O metaverso já era previsto? Sim, só não sabíamos que esse nome seria utilizado de forma global. As experiências imersivas vinham evoluindo na última década, principalmente atreladas aos óculos de realidade virtual, e até hoje isso causa certa confusão nas pessoas, pois muitas acreditam que, para acessar o metaverso, é necessário ter um óculos VR – e não é verdade.

A sociedade passou pela Web1, pela 2, e agora chegou à Web3, ou seja, parte desse comportamento já foi absorvido pelas pessoas. A pandemia acelerou a transformação digital, e todos começaram a experimentar novas possibilidades de aprendizagem e socialização por meio da tecnologia. Por exemplo, a videoconferência foi um grande auxílio em tempos de home office, mas hoje muitos já consideram essa ferramenta cansativa. Estamos sempre em busca de novas e melhores alternativas para a comunicação e a socialização, e o 5G pode auxiliar nisso ao reduzir a latência e melhorar a experiência dos avatares.

O crescimento dos investimentos em criptomoedas aumenta o interesse pelo metaverso. A educação precisa ser transformada, a busca das pessoas e empresas por sustentabilidade só aumenta e há uma enorme necessidade de inclusão social. A economia digital possibilita a geração de uma nova renda para as pessoas, independentemente da sua classe social.

A seguir, temos uma ilustração dos três estágios da Web.

Na Web1 as pessoas faziam buscas e navegavam pelos sites. Na 2, o momento era de nos conectarmos a outros usuários por meio das mídias sociais e gerar engajamento junto a marcas e temas. Na Web3, temos a forte presença do conceito de comunidade, melhores experiências e novas formas de transações sem passar por intermediários.

Por estarmos nos primórdios da Web3, há uma mistura de otimismo, especulação, desinformação, novas promessas, questionamentos e inúmeras possibilidades; as pessoas estão perdidas, sem saber se devem acreditar no novo e quando devem aderir ao metaverso. Por isso, gosto de lembrar dos três estágios da verdade desenvolvidos por Arthur Schopenhauer: "No primeiro, ela é ridicularizada. No segundo, é rejeitada com violência. No terceiro, é aceita como evidente por si própria".

Isso aconteceu com a Web1 em 1995, com o Google em 2002, com o iPhone em 2007 e com o Facebook em 2013, somente para citar alguns exemplos. O metaverso também vai passar pelos três estágios da verdade e sairá triunfante até a chegada de uma Web4, que ainda não sabemos quando virá e o que será.

1.9
MODELO HÍBRIDO

Se experimentar roupas, realizar casamentos e formaturas em plataformas virtuais já é uma realidade, por que não estudar, aprender e trabalhar também?

Mesmo após a pandemia, uma coisa é certa: o modelo híbrido (presencial e on-line) foi adotado no trabalho, nas escolas e nos eventos. Para esse modelo evoluir, o espectador precisa deixar de ser passivo e participar do mundo virtual ativamente, como num jogo, utilizando o seu avatar para potencializar a sua capacidade de aprendizagem e relacionamento. É um consenso a afirmação de que em breve teremos experiências virtuais muito próximas das presenciais. Queremos ter a opção de viajar para participar de um evento ou ficar em casa e acessar esse mesmo evento em plataformas inovadoras e dispositivos imersivos, obtendo resultados semelhantes ou até mesmo superiores ao presencial, uma vez que a tecnologia pode proporcionar elementos lúdicos durante o aprendizado.

1.10
INFRAESTRUTURA REAL × VIRTUAL

No mundo real pagamos tributos para o governo manter a infraestrutura pública. No metaverso não há esses custos, pois não precisamos da manutenção da rua em que o nosso avatar circula, é desnecessário cuidar das praças ou que uma lâmpada seja trocada.

Por outro lado, no metaverso temos os custos de hospedagem e processamento das plataformas na nuvem.

1.11
INFINITAS POSSIBILIDADES

No metaverso as marcas poderão interagir de forma totalmente diferente da que temos hoje. Isso porque nesse universo é possível visualizar produtos 3D, conversar com assistentes virtuais para tirar dúvidas, jogar um game de uma marca para ganhar desconto ou *badge* de reconhecimento, encontrar a sua tribo e discutir um assunto qualquer, desenvolver roupas para os avatares e negociar ativos digitais. Ou seja, você pode ser consumidor e vendedor ao mesmo tempo, e a tecnologia vai captar e tratar os dados para antecipar as tendências e os desejos dos usuários.

Da mesma forma que surgem celebridades na Web2, isso também vai acontecer no metaverso. Uma marca pode produzir roupas, conteúdos e fazer streaming do que quiser. Uma mistura de negócios, cultura, marketing, socialização, aprendizado e entretenimento, tudo ao mesmo tempo. Por exemplo, durante sessenta minutos estou a fim de jogar enquanto escuto um show da minha banda favorita ou um workshop sobre criptomoeda, e na mesma hora converso com meus amigos. Vamos supor que eu comente sobre um produto de que não gostei e de quebra consiga negociar um ativo digital, como um troféu medieval (em formato digital), criado por um designer do outro lado do mundo, conquistado por mim quando obtive o primeiro lugar num torneio dentro do metaverso. Todas essas trocas são possíveis nesse novo ambiente virtual.

No metaverso, a economia, a cultura e o comportamento criam possibilidades que dificilmente seriam acessadas no mundo físico. Aliás, chega de falar de mundo físico e mundo virtual. Isso é coisa do passado, e o metaverso é a definição de todas as possibilidades combinadas graças à tecnologia e à criatividade das pessoas.

1.12
DESCONFIANÇA?

Da mesma forma que, a princípio, a Web1 foi recebida com desconfiança por ser lenta e desorganizada, assim como as redes sociais (Web2, em 2004), como Facebook e YouTube (quantas pessoas disseram: "Eu não vou entrar nisso"), agora o metaverso passa por questionamentos semelhantes. Do rádio à TV, do telefone fixo ao celular, dos primórdios da internet ao metaverso, iniciamos um novo ciclo de evolução de forma acelerada jamais vista. Os usuários são a plataforma!

Esse universo digital paralelo é conectado ao mundo físico por dispositivos digitais, e as pessoas são representadas por avatares. No mundo físico eu circulo livremente e interajo com as pessoas. No metaverso também!

Uma pergunta que sempre me fazem: o metaverso conseguirá replicar 100% uma experiência física, como assistir ao show de uma banda em frente ao palco ou conhecer e conversar pessoalmente com um ídolo? Assim como as videoconferências pelo celular não substituíram encontros presenciais, o metaverso não substituirá as experiências físicas. Será uma alternativa ao mundo físico, que ficará melhor à medida que hardware, software e conectividade avançarem.

Claramente há limitações na tecnologia, mas isso não significa que não vamos desenvolver alternativas ou reproduzir experiências muito próximas ao mundo presencial. Mas pense também em quem não tem condições financeiras de assistir a um show presencial, frequentar uma boa escola ou fazer uma consulta de qualidade. A tecnologia poderá conectar essas pessoas a tais experiências de forma mais democrática, conveniente e segura, no conforto de suas casas.

2
CONCEITOS E SERVIÇOS

O metaverso é uma rede expansiva de simulações e mundos 3D persistentes e em tempo real que suportam a continuidade de identidade, objetos, história, pagamentos e direitos, e podem ser experimentados de forma síncrona por um número efetivamente ilimitado de usuários, cada um com um sentido individual de presença.
MATTHEW BALL

Agora que já definimos o que é metaverso e exemplificamos algumas possibilidades, é importante abordar o conceito de determinadas tecnologias. Diga-se de passagem, elas mereceriam um livro inteiro para descrever todas as suas possibilidades.

A realidade virtual sempre foi considerada a tecnologia precursora do metaverso. Para alguns, ela é o próprio metaverso. Antes de prosseguir com essa discussão, é necessário entender alguns conceitos e as diferenças entre as realidades disponíveis: as realidades aumentada, virtual e mista. Todas elas fazem parte da realidade estendida.

2.1
REALIDADE AUMENTADA

Realidade aumentada (RA) é uma das peças dentro do complexo quebra-cabeça chamado metaverso. Ela é a integração do virtual com o real por meio de uma câmera.

A partir de um smartphone ou *smartglass*, você pode observar uma camada de conteúdo virtual sobreposta ao mundo presencial. Lembra do Pokémon Go? Você enxerga as animações gráficas projetadas e o mundo físico. Um dos usos mais conhecidos da realidade aumentada são os filtros para fotos, como os do Instagram e os do Snapchat.

A RA atualmente é utilizada para uma série de ações no varejo. Um bom exemplo do seu uso são os QR Codes que exibem informações extras sobre o produto assim que apontamos a câmera do celular para o código e este é lido pelo smartphone. A RA transmite vídeos, animações 3D, holografias, games e uma série de informações que não caberiam num rótulo tradicional.

Para inserir elementos virtuais no mundo real, a realidade aumentada precisa de um marcador, que pode ser uma imagem, um espaço plano, entre outros elementos. A câmera usa essa marcação para inserir o elemento virtual na imagem capturada. Você precisa de um dispositivo com câmera para fazer a leitura do marcador (ilustração) ou QR Code para ativar um conteúdo. Além disso, é necessária a presença de luz (natural ou artificial) para a RA funcionar.

APLICAÇÕES

Hoje em dia é muito comum vermos a realidade aumentada sendo aplicada a projetos ligados à saúde, à educação, à indústria 4.0 e à publicidade.

2.2
REALIDADE VIRTUAL

A VR é o nosso primeiro passo para a terra de aventura da imaginação.
FRANK BIOCCA

Na realidade virtual, o usuário vivencia uma experiência imersiva ao usar um headset (óculos VR). Com isso, não se consegue enxergar o entorno, o que pode ser um fator positivo para maior absorção do conteúdo, pois o usuário fica livre das distrações exteriores, 100% concentrado num universo virtual. O lado negativo é que não é possível caminhar livremente com o headset pela casa ou pela rua; há o risco de bater na parede ou ser atropelado.

Para forjar a realidade, os óculos VR criam uma ilusão de profundidade a partir da estereoscopia, técnica em que duas imagens diferentes são geradas para cada olho, e o cérebro interpreta que ambas são uma só.

Além de criar essa ilusão para o cérebro, os óculos permitem que o cenário interaja conforme o usuário se movimenta com a cabeça – tecnologia chamada de *head tracking*. Assim, ele tem uma visão ampla do ambiente virtual, de forma que a imagem não permaneça estática em um ponto, acompanhando a movimentação do jogador. A realidade virtual é uma tecnologia digital que "teletransporta" você para um ambiente virtual imersivo.

UM POUCO DE HISTÓRIA DA REALIDADE VIRTUAL

Em 1838, o cientista britânico Charles Wheatstone criou os chamados óculos estereoscópicos. A estrutura desses óculos era formada por espelhos em frente aos olhos, com uma angulação específica, e a mesma imagem nos olhos esquerdo e direito acoplada ao equipamento. Dessa forma, os óculos criavam uma ilusão de volume e imersão.

Nos anos 1990, a realidade virtual começou a se popularizar e a ganhar relevância, principalmente nos games. O grupo Virtuality deu o pontapé inicial na fabricação de dispositivos e arcades com o recurso VR, inclusive para jogos multiplayer.

Um grande salto foi dado em 2010, em parte graças ao produto Oculus Rift – modelo de óculos para gamers desenvolvido pelo Oculus, que hoje pertence à Meta (Facebook), por meio de uma campanha no Kickstarter (plataforma de financiamento coletivo).

2.3
REALIDADE MISTA: O MELHOR DOS DOIS MUNDOS

A realidade mista (RM), como o próprio nome revela, é uma mistura dos mundos real e virtual, na qual objetos físicos e digitais interagem em tempo real por meio da sobreposição e interação de conteúdos virtuais com a realidade. Essa tecnologia usa parte do ambiente palpável e parte do espaço cibernético, proporcionando uma experiência virtual mais interativa e imersiva, que é possibilitada pelo uso dos óculos VR.

Entre os precursores da realidade mista está a Microsoft, criadora dos óculos HoloLens, lançados em 2015. Com esse equipamento é possível projetar virtualmente uma tela da Netflix, uma planilha, um jogo de futebol, a previsão do tempo, a lista dos compromissos diários etc. – várias janelas virtuais abertas e flutuando ao seu redor, para tomar decisões, aprender ou entreter-se. Tudo isso enquanto as mãos ficam livres para preparar o café da manhã. Quem assistiu ao filme de ficção científica *Minority Report: a nova lei* (2002) deve lembrar que Tom Cruise aparecia controlando por gestos e voz vários painéis virtuais com inúmeras informações.

O Microsoft HoloLens é considerado um computador holográfico. Esses óculos trabalham com hologramas e seu hardware é inteiramente voltado para interpretar gestos e vozes para que objetos, menus e ferramentas físicas e virtuais possam ser utilizados normalmente.

2.4
INTELIGÊNCIA ARTIFICIAL

Quando falamos sobre IA, provavelmente pensamos em *chatbots*, aqueles robôs que nos atendem num primeiro momento no chat de um site ou pelo WhatsApp. Esse é apenas um exemplo primário para entender não somente o que é IA, mas quais os impactos dela na sociedade.

Em uma explicação muito direta, IA nada mais é que máquinas e sistemas tentando replicar/imitar o comportamento humano, usando dados extensivos de exemplos anteriores de comportamento similar. Imagine que você queira treinar uma máquina e, inicialmente, comece exibindo uma série de fotos de cachorro, de inúmeras raças e em cenários distintos. Quanto mais dados (fotos) forem imputados no sistema da IA, mais chance essa máquina terá de acertar toda vez que você mostrar uma imagem de um cachorro. Em algum momento você pode mostrar a foto de um camelo e a máquina responderá: "Isto não é um cachorro". Parece simples, mas no fundo a máquina, antes de responder, processou milhares de imagens e constatou que o camelo não é parecido com nenhuma foto de cachorro cadastrada.

Como mencionei anteriormente, os *chatbots* se tornaram cada vez mais populares, fazendo um primeiro atendimento ou triagem antes que uma pessoa dê sequência ao atendimento, caso a solicitação não tenha sido resolvida. Mas não paramos por aí.

A IA, injustamente acusada de roubar empregos, é uma ótima auxiliar para tomar decisões. Sim, empregos com serviços repetitivos, como atendimento de telemarketing, estão sendo eliminados, mas ao mesmo tempo a IA vem salvando inúmeras vidas. Médicos contam com a ajuda da IA na tomada de decisão sobre o tratamento de um paciente com câncer, vasculhando milhares de exames cadastrados em vários servidores e fazendo comparações com casos do mundo todo. Um verdadeiro banco de dados com imagens e laudos médicos abastece a IA, e esta percorre, analisa, processa e entrega informações que talvez levassem dezenas de dias para serem obtidas.

Quando fazemos uma pergunta ao assistente virtual dos aparelhos eletrônicos – a Siri, a Alexa ou o Google Assistente – a respeito do resultado de um jogo, da previsão do tempo, de um alarme para despertar ou para ligar para alguém, a IA está agindo ao vasculhar pela internet as melhores respostas à pergunta.

SAÚDE

Em breve teremos novidades. Se não houver um médico em casa, a Alexa da Amazon poderá chamar um para você, graças a uma parceria com o provedor de telemedicina Teladoc Saúde. Um atendimento virtual ativado por voz permitirá aos clientes obter ajuda médica sem precisar telefonar para um consultório.

O serviço, voltado para problemas de saúde não emergenciais, estará disponível 24 horas por dia no dispositivo Echo da Amazon. Os clientes podem dizer à assistente de voz Alexa que querem falar com um médico e automaticamente ela ligará para a telemedicina Teladoc.

É a IA atuando de maneira a melhorar a saúde de forma preventiva e reduzir as internações hospitalares. Alguns hospitais já usam a Alexa como voz auxiliar nos quartos dos pacientes. A IA também pode ajudar a monitorar pacientes em casa após uma internação, usando a Alexa e sensores para verificar com que frequência o paciente dá descarga no vaso sanitário, se sofreu uma queda ou se teve alterações nos batimentos cardíacos.

Indo um pouco mais além sobre as possibilidades da IA, se é possível treinar o algoritmo para identificar diferenças entre fotos, responder a questões com base numa curadoria de determinado assunto ou executar tarefas, poderíamos também transferir parte do nosso conhecimento acerca de um tema e treinar esse algoritmo para responder aos usuários que fizerem perguntas sobre esse assunto. Além disso, seríamos capazes de criar um avatar 3D muito parecido conosco e, ainda por cima, fazer esse avatar responder em uma voz idêntica à nossa. Sim, isso é viável e confesso que já fiz um protótipo. Cheguei a pensar em imortalizar parte do meu conhecimento e do de milhares de pessoas com o intuito de disponibilizar informações para nossos familiares, amigos, colegas, para a humanidade, enfim. Por mais assustadora que essa ideia possa parecer, quero mostrar que a IA pode fazer coisas magníficas se usada de forma correta. Infelizmente, muitas empresas usam os algoritmos do jeito errado. O documentário *O dilema das redes* (2020) mostra escancaradamente como as redes sociais usam de modo errôneo a IA para tornar os usuários viciados nas redes, enquanto os donos desses meios aumentam cada vez mais seus lucros com a venda de anúncios e a manipulação de opiniões.

Não importa se a interação acontece via *chatbot*, comando de voz, holografia ou simplesmente navegando pelas redes sociais. A IA está presente em tudo, coletando dados o tempo todo, uma vez que os dados são o novo ouro. Em algum momento nós vamos simplesmente pensar em algo e a resposta surgirá na frente dos nossos olhos, projetada nos óculos de realidade mista.

Se já podemos acessar todo tipo de informação a qualquer momento, com certeza não precisaremos decorar mais nada. Mas qual o impacto disso em nosso desenvolvimento? Os céticos dirão que ficaremos tolos, pois tudo estará ao nosso alcance. Além disso, se todos nós seremos especialistas sobre qualquer coisa, para onde vamos? Mas não pense que, por ter as respostas rapidamente, a IA roubará roubando empregos. Isso é ignorância de quem nunca entendeu o papel da tecnologia na evolução de uma sociedade. A IA aprimora a forma de trabalho do ser humano, eliminando o serviço repetitivo e trazendo dados para que o profissional tome a melhor decisão.

Mas nem tudo são flores no caminho da espécie humana. Sempre ficamos pensando sobre como será o futuro. Desejamos a eliminação da fome com a tecnologia ajudando o agronegócio a bater recordes de produção, queremos crédito disponível para todos, cura para todas as doenças e melhoria em nossa capacidade de aprendizado. Certo? Sim. Porém, quando pensamos em futuro, temos que analisar o presente. Eu vejo a inteligência artificial como a grande inovação disruptiva. Isso é bom ou ruim? No começo é bom, mas, com a chegada da superinteligência, nosso futuro se torna ainda mais incerto.

Superinteligência e assistentes virtuais do futuro
Entre outras coisas, um dos exemplos mais tangíveis sobre a IA são os assistentes virtuais. Como os assistentes virtuais de hoje serão no futuro? Alexa, Siri e Google Assistente aprendem quais são os nossos gostos e desejos a cada pergunta que fazemos. Então, no futuro, os assistentes saberão quando um produto está escasso em nossa geladeira e poderão comprar diretamente do supermercado.

O que hoje é apenas uma voz dentro de uma caixa poderá se tornar o seu melhor amigo virtual na forma de holografia, para ser projetado pelo seu dispositivo digital em qualquer lugar e a qualquer momento. É como se tivéssemos à nossa disposição, em uma única pessoa, o conhecimento de diversos amigos especialistas em áreas como esportes, artes, tecnologia, economia e filosofia.

Atualmente, o que diferencia o ser humano da inteligência artificial? A IA é capaz de coletar e processar dados a uma velocidade insuperável. Mas o fato é que ainda somos inigualáveis na capacidade de tomada de decisão. Digo *ainda* porque a superinteligência está a caminho – os mais otimistas dizem que chegará daqui a cinco anos; outros, daqui a dez. O tempo, nesse caso, importa e muito. Se num futuro próximo tivermos a convicção de que, além de tratar milhares de dados em tempo recorde, a máquina poderá tomar melhores decisões do que nós, humanos, o que nos aguarda? Qual será a nossa função neste mundo? Projetar robôs cada vez melhores? Ou os robôs vão aprimorar sozinhos os seus próprios softwares e hardwares, uma vez que terão a capacidade de tomar decisões?

Ainda teremos a criatividade a nosso favor. Mas até quando? Melhor focar no presente e aceitar que os últimos dez anos foram mais velozes do que praticamente todos os dois mil anos anteriores. E essa sensação de aceleração só foi percebida por muitos com a chegada da pandemia, que evidenciou a transformação digital, já percebida e realizada há mais de uma década por empreendedores visionários. Para citar um exemplo, em 1990 a Amazon era uma empresa desconhecida, mas veja como é hoje.

A ineficiência é o que nos torna humanos. Vamos querer perder isso?
AUTOR DESCONHECIDO

Os algoritmos sabem a lógica de tudo, mas não têm a sensação de nada. A IA e o metaverso devem ser considerados ferramentas, não o propósito em si. Ainda há esperança em uma convivência harmoniosa entre o ser humano e a máquina.

2.5
5G

O 5G é o padrão de tecnologia de quinta geração para redes móveis e de banda larga; é o sucessor das redes 4G e 3G. O 4G será lembrado como a era do consumo massivo de dados, sem os quais não existiriam mapas de trânsito em tempo real (aplicativo Waze) nem bancos digitais. Mas a velocidade dos dados aumenta mais uma vez. A tecnologia 5G é, em média, vinte vezes mais rápida do que a 4G. A velocidade máxima de download do 5G é de 2 Gbps (Gigabits por segundo), enquanto a do 4G é de 150 Mbps (Megabits por segundo), ou seja, o 5G é treze vezes mais rápido.

Mas essa não é a grande vantagem do 5G. A grande vantagem é a redução de latência.

Latência é o tempo que um dado demora para sair de um dispositivo (seu celular, um assistente de voz ou um carro autônomo), chegar ao servidor e depois voltar para esse dispositivo. Esse mecanismo é chamado popularmente de *lag*, que acontece quando a internet está sofrendo um atraso no envio e retorno dos dados – dizemos que ela está com uma latência alta. Imagine que um carro autônomo em movimento detecte um pedestre se aproximando. Sem a conexão 5G, esse dado demora muito para voltar do servidor e as chances de um acidente ocorrer são muito grandes. Quando a latência é baixa (5G), a resposta vem rápido e o carro autônomo tem tempo suficiente para frear.

Além da otimização do funcionamento de carros autônomos, haverá um grande impacto na automação de processos produtivos, como logística e agricultura. Será comum ver um caminhão sem motorista ou um drone pulverizando lavouras com precisão.

A medicina é outro campo que se beneficiará com a tecnologia 5G. Um usuário pode ser operado no Brasil por um especialista na Áustria, por exemplo. De um lado da tela, um médico; do outro, um braço mecânico (robô) que reproduz os movimentos desse médico. O tempo de resposta do movimento do médico se aproximará em muito à velocidade do vídeo que ele está assistindo do paciente, graças à baixa latência da tecnologia 5G.

Junto a sensores, a tecnologia 5G tem ajudado na manutenção de peças na indústria, avisando quando estas devem ser trocadas.

Outra vantagem é a maior adesão aos e-sports, pois, em função do 5G, os jogos não terão mais *lag* e as partidas serão cada vez mais realistas por causa do rápido retorno do sistema ao movimento dos jogadores.

Finalmente, por se tratar de uma tecnologia de baixo consumo, o 5G promove uma duração maior das baterias, resultando em vida útil longa.

Com certeza, novos negócios e aplicativos surgirão em função do 5G. A indústria do entretenimento deve sofrer uma nova revolução.

2.6
6G

Enquanto começamos a ativação do 5G pelo mundo, as possibilidades sobre a tecnologia 6G entram em campo. Quais seriam essas possibilidades? Quanto tempo elas levariam para ser implementadas? Para responder a essas duas perguntas, a indústria de telecomunicações começa a discutir o assunto e a mostrar os primeiros rascunhos indicando que teremos novas experiências sensoriais.

As características dos objetos serão digitalizadas – atributos como a dimensão, a temperatura, a densidade, os sons e os odores emitidos. Na prática, isso significa que posso estar conversando com o seu holograma aqui no meu escritório e, além de te ver, vou poder te tocar (um aperto de mão sempre é bem-vindo) e até sentir o seu cheiro, mesmo que você esteja a milhares de quilômetros de distância. O prognóstico dos grandes players do mercado, como Nokia, Huawei e Ericsson, aponta que o 6G pode ser implementado até 2030. Vamos aguardar para ver, tocar e cheirar.

2.7
PEER-TO-PEER

Peer-to-peer ou p2p significa ponto a ponto. É uma arquitetura de redes de computadores em que cada um dos pontos funciona tanto como usuário quanto como servidor, permitindo compartilhamentos de serviços e dados sem a necessidade de um servidor central.

Já na economia, em especial quando falamos das criptomoedas, o p2p é um tipo de transação que ocorre diretamente entre os usuários, sem a intermediação de uma terceira parte. No *Whitepaper* de Satoshi Nakamoto sobre o Bitcoin, a criptomoeda é descrita como "um sistema de dinheiro eletrônico *peer-to-peer*".

Um dos primeiros exemplos de uma rede p2p foi a febre de transferências entre computadores de arquivos de música em formato mp3 e vídeos através da rede Torrent.

2.8
AVATAR

Avatar é a representação gráfica de uma pessoa com determinados atributos que refletem sua identidade.

No metaverso, um avatar pode ser customizado com as roupas, acessórios e tatuagens do usuário.

IMVU

IMVU é um mundo virtual e uma rede social ao mesmo tempo. Os membros do IMVU usam avatares 3D para conhecer pessoas, conversar, criar e jogar.

COMO EU ME VEJO DENTRO DO METAVERSO?

MetaHuman Creator é um aplicativo da Epic Games cuja função é construir personagens humanos digitais. Lançado em fevereiro de 2021, sua proposta é criar personagens cada vez mais realistas para games e produções cinematográficas.

Posso dizer que é uma das ferramentas mais poderosas quando o assunto é desenvolver avatares próximos da realidade; no aplicativo, o usuário pode criar, editar e alterar até texturas de seu avatar.

Mesmo que você nunca tenha acessado qualquer plataforma gráfica, vale a pena acessar o site metahuman.unrealengine.com e brincar um pouco com a ferramenta para ter uma ideia de onde a tecnologia pode chegar em relação a avatares no metaverso.

2.9
HOLOGRAFIA

Holografia, ou imagem holográfica, é uma representação visual gráfica criada por meio de uma técnica de registro de padrões de interferência de luz, podendo gerar ou apresentar imagens em três dimensões. Tem sido utilizada em eventos e shows.

2.10
DISCORD

O Discord é um aplicativo de comunicação instantânea no qual você pode trocar mensagens de áudio, texto, vídeo e arquivos. As principais plataformas mantêm um canal dentro do Discord, reunindo diversas comunidades de diversos tamanhos e com variados propósitos – projetos escolares, esportes, aprendizado de idiomas, metaverso, medicina, varejo etc. Essas comunidades são conhecidas no Discord como "servidores".

Esses servidores podem ter até 250 usuários e um administrador. Dentro do servidor, o administrador pode criar quantos canais de texto quiser.

2.11
GAMIFICAÇÃO

Esse termo surgiu há cerca de dez anos, com a introdução de alguns sistemas de pontuações e *badges* (distintivos ou medalhas que o usuário ganha como reconhecimento sobre algo realizado ou conquistado) para tornar a jornada de treinamento mais divertida. É um mecanismo emprestado dos games, mas que, no final do dia, não era tão divertido como se imaginava. Com o metaverso, a gamificação realmente passa a fazer sentido, pois são adicionados elementos importantes, como imersão, emoção e socialização, coisas que fazem você se sentir realmente conectado a uma experiência.

2.12
WHITEPAPER

O *whitepaper* é o documento de instruções sobre um projeto – por exemplo, o *whitepaper* de uma nova criptomoeda.

Segundo o Hubspot, o *whitepaper* é um documento que aprofunda determinado problema, trazendo suas causas, seus conceitos e, principalmente, sua solução.

2.13
IMPRESSÃO 3D

A impressão 3D, também conhecida como manufatura aditiva, é um método de criar um objeto tridimensional, camada por camada, usando um design criado por computador. Esse tipo de impressão é um processo aditivo pelo qual camadas de material são construídas para criar uma peça 3D.

As principais vantagens da impressão 3D são a velocidade, a flexibilidade e o custo. Para pequenas produções, prototipagem, pequenas empresas e uso educacional, esse tipo de impressão é muito superior à oferecida por outros métodos industriais, pois torna possível imprimir uma simples peça com base em modelos 3D já prontos espalhados pela web.

3
A NOVA ECONOMIA

3.1
A ERA DA ABUNDÂNCIA

Durante um ano fiz parte da comunidade Abundance 360, do médico, engenheiro, empresário e futurista Peter H. Diamandis. Ele é o fundador e presidente da X Prize Foundation, cofundador e presidente executivo da Singularity University e coautor do livro *Abundância: o futuro é melhor do que você pensa* (best-seller do *The New York Times*). De acordo com Diamandis, a maioria dos meios de comunicação nos bombardeia diariamente com notícias negativas. O motivo? É que essas notícias são as que mais prendem a atenção, porque a coisa mais importante para o ser humano é a sobrevivência.

A amígdala cerebral, localizada no lobo temporal do cérebro humano, é o nosso primeiro detector de ameaças. Se ficarmos grudados em nossos celulares a maior parte do tempo consumindo essas notícias, é natural que sejamos pessimistas, achando que o mundo está piorando e que os recursos estão escassos. Porém, na visão de Diamandis (e na minha também), é possível acontecer exatamente o oposto. Há inúmeros progressos obtidos pelos seres humanos no último século, então há a possibilidade de se criar um mundo de abundância. As pessoas se tornaram especialistas em antever e resolver problemas. Alguns sinais para ilustrar a visão de Peter: a longevidade aumentou mundialmente, bem como a renda *per capita*, e a mortalidade infantil diminuiu de forma considerável. Os custos com eletricidade, transporte e comunicação caíram. Os milionários do passado nunca tiveram o conforto que temos atualmente. E a base que possibilitou tudo isso tem um nome: tecnologia.

O celular atual possui muito mais recursos do que um supercomputador dos anos 1970 e custa milhões de vezes menos. Também há mais recursos à disposição das pessoas, como o processamento em nuvem, a inteligência artificial, a impressão 3D, a nanotecnologia, a medicina digital e a realidade aumentada – sim, a tecnologia está disponível para resolver os grandes problemas da humanidade.

"Escassez é algo contextual, e a tecnologia é a força libertadora de recursos", afirma o pesquisador Diamandis. Citando um exemplo, no século XVIII o alumínio era mais caro que o ouro e a prata. As tropas de Napoleão usavam talheres de prata, Napoleão usava de ouro e um convidado especial, como um rei, usava talheres de alumínio, o metal mais precioso da época, tamanha era a dificuldade de extraí-lo por não ser um metal puro. Então veio a tecnologia (eletrólise) e transformou o alumínio, um recurso escasso na época de Napoleão, em um material abundante. A tecnologia que transforma a energia solar em eletricidade, a água salgada em água doce, entre outros exemplos, é capaz de transformar qualquer escassez em abundância. O mesmo se aplica às comunicações. Quanto mais pessoas estiverem conectadas à internet, mais informação e conhecimento serão disseminados.

3.2
OS 6DS

Enquanto a tecnologia vem acelerando inúmeros processos e produzindo novas startups, a palavra "disrupção" se tornou cada vez mais comum. Tecnologia disruptiva ou empreendedores causando disrupção em determinadas indústrias são assuntos vistos diariamente em artigos, conversas, reuniões e *pitches* para investidores. Essas disrupções vêm impactando milhões de pessoas ao redor do globo e mudando gradualmente a nossa sociedade, seja na maneira de nos comunicarmos, seja na de fazermos negócios.

O segredo para impactar positivamente a vida de milhões de pessoas é entender e internalizar o ciclo de crescimento das tecnologias digitais. Esse ciclo de crescimento ocorre em seis etapas, que Peter Diamandis chama de 6Ds da exponencialidade:

1. digitalização;
2. decepção (ou crescimento enganoso);
3. disrupção;

4. desmonetização;
5. desmaterialização;
6. democratização.

Veja a seguir o que cada um significa.

DIGITALIZAÇÃO

Qualquer coisa que possa ser digitalizada, de fácil acesso e distribuição, como textos, imagens, vídeos e até mesmo o seu DNA.

DECEPÇÃO OU CRESCIMENTO ENGANOSO

Vamos utilizar a impressão 3D (no mercado há mais de trinta anos) como exemplo: sua função era materializar o desejo de engenheiros na indústria, e somente nos últimos anos esse equipamento começou a ser utilizado no mercado, tornando-se disruptivo.

As inovações disruptivas sempre têm um crescimento moroso num primeiro momento, mas após certo período o seu crescimento passa a ser exponencial, o que nos leva ao terceiro D.

DISRUPTIVO

A disrupção acontece quando um produto tecnológico novo muda completamente o cenário em que foi implementado, alterando um segmento já consolidado e mudando a forma de fabricação. Foi o que aconteceu com a Kodak, uma gigante na produção de filmes fotográficos que, no entanto, não sobreviveu ao surgimento das câmeras digitais. A líder de mercado simplesmente desapareceu em função de uma nova tecnologia. Isso é algo disruptivo!

DESMONETIZAÇÃO

Temos a desmonetização quando o papel-moeda é tirado de circulação e substituído por transferências tecnológicas mais baratas. As tecnologias disruptivas são mais eficazes e têm menor custo ao longo do tempo, inclusive até se tornam gratuitas (quanto você pagou para baixar o Waze?). Isso acontece porque a produção de softwares é mais barata que a produção de hardware. Quanto custa eu vender uma licença a mais do meu software? Quanto custa você fazer uma ou dez pesquisas no Google? A mesma coisa!

DESMATERIALIZAÇÃO

Se é possível imprimir algo sob demanda, significa que não é preciso ter um estoque. Imagine que eu tenha um modelo 3D de uma peça armazenado em nuvem; não é necessário ter essa peça no estoque. Quando eu precisar dela, basta fazer o download do arquivo e imprimir.

Outro exemplo são os smartphones. Antes era preciso comprar um rádio, um GPS, uma agenda, uma câmera digital e uma calculadora; com o avanço da tecnologia, todos esses equipamentos se consolidaram em um único aparelho. Isso é desmaterialização.

DEMOCRATIZAÇÃO

Toda vez que digitalizamos uma informação, mais pessoas têm acesso a ela.

Se eliminarmos os custos de armazenamento, espaço, processos físicos, e digitalizarmos tudo o que for possível, os preços tendem a cair. Com um preço mais baixo, produtos e serviços se tornam mais acessíveis. Foi assim com as câmeras digitais, os celulares, o processamento em nuvem e a telemedicina. Um médico não precisa mais de um consultório nem de uma secretária, pois a tecnologia administra sozinha o agendamento dos pacientes, e o profissional não precisa sair de casa, perder tempo no trânsito, gastar gasolina, estacionamento etc. Tudo isso permite que o médico atenda mais pessoas em gastando o mesmo tempo, e reduza o valor da consulta, pois terá redução de seus custos fixos. A mesma inteligência artificial disponibilizada para governos e grandes empresas está disponível para qualquer pessoa.

3.3
RENDAS VIRTUAIS

O impacto das tecnologias disruptivas na sociedade, como a abundância e a resolução de problemas, tem um papel fundamental na nova economia digital. O que antes era praticamente invisível ou imperceptível agora é algo gigantesco e avassalador.

Antes da pandemia, ter um emprego num ambiente virtual era limitado a um pequeno percentual de colaboradores , enquanto a esmagadora maioria dos profissionais trabalhava apenas presencialmente.

Isso significa que as pessoas gastavam boa parte do seu tempo se locomovendo até o local de trabalho e passavam menos tempo no mundo virtual, o que impactava diretamente seu conhecimento e seu consumo de bens digitais. A escassez do tempo de trabalho virtual impactava a economia cibernética e a fazia crescer lentamente, mas a transformação digital provocada pela pandemia mudou esse cenário.

A chegada do metaverso exige trabalhos mais complexos e novas posições que gerem mais renda para a economia virtual. Com o home office, em vez de fazer reuniões pelo Zoom, usarei o meu avatar dentro do metaverso para trabalhar de forma colaborativa com os meus colegas. Quanto mais tempo o usuário passar no metaverso, mais descobertas e possibilidades de gerar novos negócios terá, seja comprando ou vendendo algo – sempre fazendo a economia virtual crescer!

3.4
O TAMANHO DO MERCADO

Após o anúncio de Mark Zuckerberg sobre a mudança do nome do Facebook para Meta, as pessoas começaram a associar de forma mais rápida o conceito e as possibilidades do metaverso com exemplos dentro de casa. É muito comum ouvir alguém dizendo: "Ah, meu filho joga *Roblox*, *Fortnite*...". Alguns até mencionam: "Você acredita que minha filha está ganhando dinheiro com jogos NFT?". Os mais experientes também citam algo sobre *Second Life*. Isso significa que, após passar pela primeira fase de evangelização/entendimento do assunto, as pessoas começam a se perguntar como o metaverso pode ajudar em seus negócios e, inevitavelmente, vão buscar na internet empresas que possam auxiliá-las.

Segundo as companhias Bloomberg, PwC e Statista, o mercado metaverso deve movimentar cerca de 783,3 bilhões de dólares em 2024. Se compararmos esse número com os 478,7 bilhões movimentados em 2020, notamos um crescimento de 63%. Esses valores estão distribuídos em anúncios, hardwares (para gamers, óculos VR etc.), softwares e serviços e entretenimento ao vivo, sendo este último o que terá um crescimento mais significativo. Estima-se que, nos próximos três anos, o mercado de games atinja 300 bilhões de dólares.

Ainda segundo a Statista, em 2021, somente a Meta já representou um faturamento de 118 bilhões de dólares (incluindo o que foi gerado pelas redes sociais Facebook, Instagram e WhatsApp).

3.5
AS SETE CAMADAS DO METAVERSO

Segundo Jon Radoff, para que tudo isso seja possível, podemos dividir o metaverso em sete camadas, cada uma com inúmeras oportunidades de negócios.

INFRAESTRUTURA

Tudo começa pela infraestrutura. De provedores de internet, armazenamento em nuvem, tecnologia 5G e 6G, Wi-Fi e unidades de processamento gráfico (GPUs).

INTERFACE HUMANA

Qual é a tecnologia que permite que nosso corpo físico chegue ao mundo digital?

Trata-se do modo como acessamos o metaverso. Pode ser através do nosso celular, pelo navegador, via comando de voz, gestos, óculos VR e redes neurais.

DESCENTRALIZAÇÃO

O metaverso deve ser algo descentralizado, aberto e distribuído – não controlado por uma única entidade, pertencente a ninguém e a todos ao mesmo tempo.

EDGE COMPUTING

Segundo a RedHat, a *edge computing*, ou computação de borda, é aquela na qual o processamento acontece no local físico (ou próximo) do usuário ou da fonte de dados. Com o processamento mais próximo, os usuários se beneficiam de serviços mais rápidos e confiáveis, enquanto as empresas usufruem da flexibilidade da *cloud computing híbrida*. A *edge computing* é um dos modos de uma empresa usar e distribuir um *pool* de recursos em um grande número de locais.

Agente inteligente

Um agente inteligente é um programa que pode tomar decisões ou executar um serviço com base em seu ambiente, entrada do usuário e experiências. Esse programa pode ser usado para coletar informações de forma autônoma, em uma programação regular ou quando solicitado pelo usuário em tempo real. O agente inteligente também pode ser chamado de *bot*, que é a abreviação de *robot* (robô).

Plataformas rodando em cima da blockchain também fazem parte da camada de descentralização proposta por Jon Radoff.

COMPUTAÇÃO ESPACIAL

Motor de jogo ou 3D *engines* é um programa de computador e/ou conjunto de bibliotecas que auxilia no desenvolvimento de jogos eletrônicos e outras aplicações com gráficos em tempo real, geralmente usado em videogames e projetos em realidade aumentada, virtual e mista. O motor de jogo tem a função de renderizar gráficos 2D e/ou 3D, simular a física ou fazer detecção de colisão, suporte para sons, animação e inteligência artificial.

As 3D *engines* mais conhecidas são: Construct, Unreal, Game Maker, Godot e Unity.

Fazem parte da computação espacial a realidade aumentada, a realidade virtual e a realidade mista – mostramos seus conceitos e exemplos no capítulo 2 deste livro.

ECONOMIA CRIATIVA

Como os criadores entram no metaverso? Usando ferramentas de design, *assets* em marketplaces e toda a produção de conteúdo imaginável, como vídeos, fotos, transmissões ao vivo, áudios e games. Isso inclui os aplicativos e plataformas pertencentes a esse ecossistema, por exemplo, YouTube, Instagram, TikTok, Snapchat, Spotify, Twitch, Twitter, Discord etc.

Finalmente, a forma como você vai monetizar tudo isso será por meio de clubes de assinatura, vendas de curso e até de doações.

DESCOBERTA

Como apresentar novas experiências aos usuários? A área de experiências com usuários é a mais lucrativa para as empresas. Geralmente a descoberta pode ser classificada como de entrada (lojas de aplicativos, mecanismos de pesquisa para avaliações e classificações) ou de saída (notificações e publicidade gráfica).

EXPERIÊNCIA

Essa é a camada que a maioria das empresas e pessoas está priorizando no momento. Os usuários interagem em ambientes digitais por meio de jogos, compras, NFTs, e-sports e teatro. O que tem levado a essa procura, entre outros fatores, são os três pilares mais importantes do metaverso: 1) ele é descentralizado, 2) proporciona um acesso sem fricção – você não é obrigado a ter óculos VR para acessar o metaverso – e 3) tem economia própria. Cabe a você decidir em qual metaverso quer entrar e qual será a sua função nele, seja como anunciante, educador, consumidor, produtor ou espectador buscando entretenimento, relacionamentos e networking, seja como artista ou vendedor de ativos digitais.

3.6
BLOCKCHAIN

No mundo real, quando vamos comprar um ativo, seja um carro ou um imóvel, precisamos de um intermediário para garantir a segurança da transação, pois muitas vezes a outra parte pode não cumprir o acordado.

Pois bem, imagine a possibilidade de realizar essa transação de forma confiável, sem intermediários, sem ter que sair de casa e de maneira 100% segura. Isso é possível por meio do formato *smart contract*, que fica registrado numa rede blockchain.

A blockchain armazena dados e inclui contratos inteligentes de um modo que permite que as pessoas tenham a verdadeira propriedade de ativos digitais no metaverso. Os contratos inteligentes criados para cada transação são armazenados em redes descentralizadas, *peer-to-peer*, projetadas para oferecer registros transparentes, rastreáveis e imutáveis. Ethereum, EOS e Solana são exemplos de blockchains públicas. Isso contrasta com outros sistemas de dados que são controlados centralmente e podem ser alterados pelos operadores.

Blockchain é um livro-razão compartilhado e imutável cuja função é facilitar o processo de registro de transações e o rastreamento de ativos em uma rede empresarial. Esse sistema armazena periodicamente informações de transações em lotes, chamados blocos. Os blocos recebem uma impressão digital nomeada *hash* – um código matemático único – e ambos são interligados em um conjunto em ordem cronológica, formando uma linha contínua de blocos, ou seja, uma corrente (daí o termo *chain*).

O uso da blockchain tem o potencial de transformar o comércio eletrônico, reduzindo os custos e aumentando a segurança das transações.

GOVERNANÇA

Uma rede blockchain possibilita a criação de regras, mas sem reguladores. Essa rede é formada por participantes que têm o interesse de zelar pelo bom andamento e a transparência dessas definições. Uma regra não pode ser alterada sem a ciência e a concordância da maioria dos participantes. Isso elimina a necessidade de criar um conselho de diretores remunerados, por exemplo, pois é uma rede descentralizada. Cada participante tem direito a votar, não importa onde more. A maioria decide os caminhos da evolução da rede e suas novas aplicações. Tudo isso sem conchavos, politicagem e/ou pressão dos membros do conselho.

Imagine criarmos uma rede blockchain para decidir onde a mensalidade de uma escola particular deve ser aplicada. Somente os pais têm o direito de votar e escolher onde será investido esse valor. O fornecedor escolhido receberá o seu pagamento por uma criptomoeda, por exemplo, após o *smart contract* ser assinado e o serviço, prestado. Não há interferências, atrasos nem mudanças de planos.

3.7
TOKENS

Um token é algo que armazena valor. No mundo off-line, um token pode ser uma moeda usada para lavar roupas. Antigamente se usava um token (ficha telefônica) para fazer ligações de um telefone público. Algumas máquinas de jogos eletrônicos em parques de diversões podem imprimir uma série de tokens que podem ser trocados por um bicho de pelúcia, por exemplo.

O token digital pode ser quebrado em fragmentos e ser transferido de um proprietário a outro, e essa transação é registrada numa rede blockchain pública, o que assegura quem é o dono do quê.

Um token, além de provar quem é o proprietário, dá o direito a voto.

Grandes times de futebol, de basquete e equipes de automobilismo já emitem seus próprios fan tokens para levantar fundos e criar engajamento entre a marca e seus fãs, torcedores e entusiastas.

Fan tokens são ativos digitais que nunca expiram. A quantidade de tokens define o peso do seu voto. Com eles, você terá direito a voto em decisões, experiências e promoções: escolher o uniforme que o time irá vestir numa partida especial, o layout de ônibus, a música que toca no estádio durante o aquecimento em campo e muito mais.

UTILITY TOKEN E SECURITY TOKEN

Utility token é uma moeda lançada por uma empresa com um objetivo.

São moedas com aplicações específicas, que dão acesso futuro aos produtos ou serviços oferecidos por determinada companhia. Portanto, *utility tokens* não são ativos de especulação.

Por exemplo, a Sparks da *Upland* é um *utility token*, porque o usuário a compra para poder fazer algo específico dentro de um jogo, como construir uma casa ou um prédio.

Security token é uma moeda que lhe dá direitos sobre a empresa. É como se você comprasse uma ação de uma companhia. Um *security token* de um time de futebol dá direito aos resultados das transações com os jogadores.

3.8
CRIPTOMOEDAS

MOEDA PRIVADA

Uma moeda privada é emitida por uma empresa ou outra organização privada para ser usada como meio de troca de unidade de valor. Ela difere de uma moeda nacional (fiduciária) por não ter curso legal.

Uma criptomoeda é a versão digital de moeda privada, podendo ser centralizada ou descentralizada. Usa-se a criptografia para a segurança das transações e guarda do dinheiro. Trata-se de um meio de troca que utiliza a tecnologia de blockchain. É uma moeda digital descentralizada, o que a torna publicamente disponível e confiável. Por causa da blockchain, as pessoas podem possuir ativos digitais autênticos, como NFTs.

O Bitcoin foi a primeira moeda virtual do mundo. É uma criptomoeda descentralizada, um dinheiro eletrônico válido para transações *peer-to-peer*, que existe apenas virtualmente.

Em 2021, El Salvador se tornou o primeiro país a aceitar o Bitcoin como moeda legal. Importante ressaltar que essa medida é de alto risco, pois sabemos da alta volatilidade das criptomoedas.

A APOSTA QUE DEU CERTO

Para se ter uma ideia do potencial (e também da volatilidade) das criptomoedas, vale a pena conhecer a história do jovem alemão Erik Finman. Ele fez uma aposta com os seus pais em 2011, quando tinha doze anos. Se Finman conseguisse se tornar milionário antes dos dezoito, não precisaria ir para a faculdade e poderia fazer o que bem entendesse da vida. Como os pais não acreditaram muito na ideia, ainda mais vindo de um adolescente, toparam.

Erik investiu os mil dólares que a sua avó havia lhe dado de presente de aniversário em cem Bitcoins, que, na época, custavam apenas dez dólares. Não preciso nem dizer que Erik ganhou a aposta e se tornou milionário, mudando-se para o Vale do Silício. Essa história nos ensina que, apesar dos riscos de investir em dinheiro virtual, essa nova economia digital pode realmente fazer as pessoas mudarem de patamar financeiro.

O ponto aqui não é descobrir qual a próxima criptomoeda ou sair apostando um pouquinho em cada cripto que surge pelo mundo diariamente, mas mostrar que há um novo setor econômico pulsante e crescente. Esse assunto será abordado nos capítulos posteriores.

Como disse Erik Finman em uma entrevista ao site *Business Insider*: "Se você não ficar milionário desta vez, a culpa será sua".

CRIPTO EXCHANGES (CORRETORAS)

São mercados (principalmente centralizados) onde se pode comprar, vender e negociar criptomoedas e alguns tokens de criptografia. Exemplos: Coinbase, Binance e Crypto.com.

CRYPTO TOKEN

Um token é uma moeda fungível, ou seja, pode ser substituída por outras moedas da mesma espécie, qualidade e quantidade, criada dentro de um aplicativo específico. Quando esses tokens têm utilidade, são obtidos dentro de aplicativos e usados para comprar itens ou serviços dentro de seus respectivos programas. Um bom exemplo são os tokens Smooth Love Potion (SLP) do *Axie Infinity*, ganhos ao vencer eventos no jogo e depois usados pelos jogadores para criar novas criaturas Axie.

3.9
A REDE ETHEREUM

Ethereum é a tecnologia administrada de forma comunitária por trás da criptomoeda Ethereum e de milhares de aplicativos descentralizados.

Diferente do Bitcoin, que basicamente oferece uma troca de valor, a rede Ethereum possui uma variedade de possibilidades. Atua como um banco de dados que registra transações e possibilita novas aplicações, como registro de *smart contracts*, débitos, aplicações descentralizadas e tokens. A Ethereum também registra as mudanças de propriedades por meio de tokens. O ether é a moeda da Ethereum, assim como o dólar é a moeda dos Estados Unidos.

Segundo a ethereum.org, Ethereum é uma tecnologia que engloba dinheiro digital, pagamentos globais e investimentos. A comunidade criou uma economia digital em expansão, novas maneiras de ganhar dinheiro on-line e muito mais. Está aberta a todos, em qualquer lugar no mundo – você só precisa da internet.

Muitos acreditam que a rede Ethereum pode revolucionar os direitos de propriedade digital e mudar toda a internet. Até pouco tempo atrás, quando se falava em criptomoeda, muitos faziam uma associação direta com o Bitcoin. Na Web3 esse cenário está se transformando, pois na rede Ethereum é possível criar NFTs, e isso muda completamente o jogo. O capítulo 4 abordará os NFTs em detalhes.

SMART CONTRACTS (CONTRATOS INTELIGENTES)

A Ethereum define um *smart contract* como um programa executado na blockchain (Ethereum). É uma coleção de códigos e dados capaz de enviar transações pela rede. Esses contratos não são controlados pelos usuários; em vez disso, eles são implantados na rede e executados conforme são programados. Os contratos inteligentes têm regras definidas, como qualquer outro contrato, e as executam automaticamente por meio de sua codificação.

GÁS

Gás é a capacidade de processamento da rede Ethereum, e está totalmente ligada às taxas praticadas na blockchain.

Na rede Ethereum, todas as transações de ether ou de tokens, assim como as operações computacionais realizadas por *smart contracts*, são pagas com gás. Um mecanismo calcula os custos (taxas) para executar uma transação ou uma operação de contrato inteligente (*smart contract*).

Gwei é um valor muito pequeno de Ether.

$$10 \text{ Gwei} = 100.000.000 \text{ ether}$$
$$\text{Por convenção:}$$
$$1 \text{ ether} = 1.000.000.000.000.000.000 \text{ Gwei}$$

3.10
O TRILEMA DO BLOCKCHAIN

Vitalik Buterin, cofundador da Ethereum, usou o termo *the blockchain trilemma* pela primeira vez para explicar os atrasos nas transações e os altos preços do gás na blockchain Ethereum. Segundo Vitalik, esse trilema é formado por descentralização, escalabilidade e segurança, sendo difícil balancear os três. Geralmente os projetos se concentram em dois dos três elementos, causando esse trilema.

Entenda o que significa cada um de acordo com a Ledger Academy:

DESCENTRALIZAÇÃO

A descentralização tem a ver com a forma como o controle sobre algo é transferido de uma entidade central, empresa ou governo para grupos menores. Na blockchain, a descentralização dá poder às pessoas em todo o mundo para governar usando seu computador em vez de ter um controle central da rede ao vivo com uma pessoa ou parte.

ESCALABILIDADE

A escalabilidade na blockchain é a mesma que se vê nos negócios – refere-se a quanto uma rede pode crescer no futuro, mantendo o mesmo tipo de velocidade e saída de transação.

A escalabilidade e a descentralização tendem a comprometer a segurança, enquanto esta restringe as mudanças que permitem que a rede descentralizada seja dimensionada. Por quê? Bem, basicamente porque as redes descentralizadas dão um pouco de trabalho para operar, e isso dificulta um pouco seu dimensionamento.

SEGURANÇA

A blockchain é segura por natureza, mas não é totalmente imune a hackers. Se um hacker é capaz de garantir o controle de mais da metade da rede (51%), ele pode alterar uma blockchain e manipular transações para roubar desse sistema. Na blockchain, quanto mais *nodes* (nós), ou pontos de validação da blockchain, mais segurança.

Altos investimentos são realizados para encontrar as melhores soluções para conseguir balancear esses três elementos. Por causa desse trilema é que o metaverso será construído ao longo da década, e não de uma vez. Para isso, é necessário que haja a implantação da tecnologia 5G em larga escala, diminuindo a latência e aumentando a banda; novos hardwares capazes de processar inúmeras transações simultâneas; a renderização de melhores gráficos em tempo real; a resolução da questão do tráfego, da quantidade de usuários (avatares) num mesmo ambiente, tudo isso para oferecer a experiência ideal no metaverso.

3.11
EOS

EOS.IO, ou somente EOS, é uma plataforma blockchain utilizada para executar contratos inteligentes e aplicativos descentralizados (dApps). Foi concluída em 2018, quando recebeu a oferta inicial de moedas (ICO), arrecadando cerca de 4 bilhões de dólares. Dentro da plataforma EOS existe um token (também chamado EOS), assim como a rede Ethereum possui o seu token, ou criptoativo, o ether.

A função do EOS é resolver os problemas de escalabilidade, as altas taxas de transação e as demais adversidades relatadas em outras criptomoedas, sendo um concorrente direto da rede Ethereum. Hoje está entre as dez maiores criptomedas do planeta, tanto em Market Cap quanto em volume negociado diariamente.

3.12
DEFI

Um bom exemplo de protagonismo dos usuários é a DEFI (*Descentralized Finance*), um ecossistema financeiro surgido em 2015 que dispensa a necessidade de intermediários, como corretoras, *exchanges* ou bancos; em vez disso, utiliza contratos inteligentes em blockchains, sendo a mais comum a rede Ethereum.

Se você parar para pensar, hoje milhões de pessoas não possuem conta bancária. Apenas com a conexão à internet você pode enviar, receber, pedir empréstimos, receber juros e até mesmo transmitir fundos em qualquer lugar do mundo.

3.13
CARTEIRA DIGITAL

A *digital wallet* ou *e-wallet* é uma opção para fazer pagamentos usando o seu celular ou outro dispositivo, como um *smartwatch*.

No metaverso, o usuário precisará de uma carteira digital para dar um lance em uma propriedade virtual, comprar NFTs ou acessórios para o seu avatar. Em algum momento, ele precisará entrar com a *digital wallet*. Enquanto escrevo este livro, a carteira digital mais conhecida é a MetaMask. No capítulo 5, descrevo como criar a sua carteira digital pela MetaMask.

3.14
DAPP

Os aplicativos descentralizados (dApp) têm a aparência de qualquer outro aplicativo, como um game ou gerenciador de tarefas. A chave é a rede *peer-to-peer* descentralizada por trás da experiência do usuário que usa blockchain para armazenar dados e contratos inteligentes. Esses aplicativos têm código aberto e operam de forma autônoma, independentes de autoridades centrais.

3.15
DAO

Em uma Descentralized Autonomous Organizations (DAO), ou organização autônoma descentralizada, as regras são especificadas por meio de programas de computador conhecidos como "contratos inteligentes", que são executados e validados por uma blockchain. Uma DAO não tem uma sede e é governada pelos detentores de criptomoedas, pois estes são os únicos que têm direito a voto e não sofrem influência do meio externo.

Esses contratos inteligentes e tokens de governança permitem que participantes tomem decisões de consenso sobre como os recursos da organização serão alocados. Isso impacta diretamente o mercado financeiro e as tomadas de decisão na indústria, por exemplo.

A DAO brasileira, BAYZ, que em 2021 recebeu um aporte de 22 milhões de reais, serve como um *hub* de conteúdo completo para ajudar a integrar pessoas ao metaverso e apresentá-las às oportunidades oferecidas pelos jogos *play to earn*.

4
NFTs

4.1
DEFINIÇÃO

Imagine uma arte digital, uma foto histórica de um gol do seu ídolo, um post no Instagram ou uma postagem no Twitter, uma música ou um vídeo.

Os NFTS são tokens que podemos usar para representar a propriedade de itens exclusivos. Por meio deles podemos tokenizar coisas como arte, peças colecionáveis e até imóveis. Os NFTS só podem ter um proprietário oficial de cada vez e são protegidos pelo blockchain Ethereum – ninguém pode modificar o registro de propriedade ou copiar/colar um novo NFT existente.

O termo "tokens não fungíveis (NFTS)" significa que um NFT não possa ser diretamente trocado por outro, pois, além de terem propriedades diferentes, possuem valores diferentes. Os NFTS podem ser escassos. Imagine um designer famoso que coloca à venda apenas dez NFTS da sua nova coleção. Isso torna o NFT específico, com propriedade e identidade únicas, quase raro, a depender do caso.

O dinheiro, por sua vez, fungível. Uma moeda de um real é igual a outra moeda de um real, e ambas podem ser trocadas. O mesmo ocorre com o Bitcoin: ele não é um NFT, porque não é único. Um usuário pode trocar seu Bitcoin com outro. Dinheiro armazena valor e ponto-final.

ROYALTIES

Se eu comprar uma arte NFT, ficará registrado na rede blockchain que eu sou o novo proprietário desse ativo digital. Se eu revender esse NFT, o autor da arte NFT poderá receber um percentual dessa revenda, assim como a plataforma utilizada como marketplace. Se esse processo de revenda de um mesmo NFT continuar acontecendo, tanto o autor quanto a plataforma utilizada continuarão recebendo royalties, valor variável entre 5% e 10%. Isso é revolucionário!

MINTING (OU MINTAR)

Minting certifica um ativo digital no blockchain para transformá-lo em um token não fungível.

Em 2021, "NFT" foi a palavra do ano pelo dicionário britânico *Collins*. Enquanto isso, em relação a um dos NFTs mais famosos, o *Bored Ape Yatch Club*, lançado em 2021, cada token da coleção, composta por 10 mil artes digitais distintas, valia 0,08 ETH (algo em torno de 248 dólares). O jogador Neymar pagou pelo token BAYC # 6633 cerca de 159,9 ETH, ou seja, de imediato, houve uma valorização de quase 2000%! Porém, em função da volatilidade e até mesmo da especulação, esses valores podem ser alterados radicalmente, tanto para cima quanto para baixo.

Por se tratar de NFT, mesmo que algumas artes possam ser muito semelhantes, não são iguais, nem em propriedades nem em valor.

O influenciador e bilionário Gary Vee disse que os NFTs ainda são "absurdamente incompreendidos", comparando a valorização desse token com a de outros itens sem valor intrínseco, mas que criaram mercados bilionários, como tênis colecionáveis e cards esportivos.

Segundo a startup DappRadar, que monitora várias plataformas blockchain, as transações de NFT movimentaram cerca de 130 bilhões de reais em 2021 e envolveram celebridades como Neymar e os cantores Justin Bieber e Eminem.

No mercado cultural, filmes, livros, músicas, obras de arte e séries começam a encontrar novas formas de financiamento. O fã investidor tem a possibilidade de comprar diretamente do artista a letra, parte da música ou a música inteira.

Os músicos colocam à venda os direitos autorais em plataformas. O investidor, por sua vez, pode esperar uma valorização desse NFT; pode revendê-lo para outro usuário obtendo lucro e gerando royalties tanto para o músico quanto para a plataforma. Ao comprar os direitos autorais de uma música, é possível veiculá-la em comerciais e afins sem custos adicionais, apenas dando os créditos ao autor. Também é possível comprar o NFT do disco de ouro de um artista e receber o original em casa. A dimensão sobre o valor que isso pode gerar excede expectativas. Não esqueça o fato de que esse investidor pode estar em qualquer lugar do mundo. Se por algum motivo o mercado interno estiver em crise, com um câmbio desfavorável, o usuário pode direcionar o marketing dos

NFTS obtidos para um mercado onde o câmbio para o investidor local esteja mais atraente. É a economia virtual fazendo o seu papel. Uma plataforma para compra de músicas NFT é a phonogram.me.

FILME

Como vender os direitos autorais de um filme que ainda não foi produzido? Se ele não existe, não pode ser registrado numa rede blockchain e, consequentemente, não pode ser comercializado. Como a empresa consegue recursos numa situação dessas? Você pode comprar moedas digitais da produtora e depois convertê-las em direitos autorais de um filme em específico. Além do filme em si, o pôster oficial e o roteiro original também podem ser comercializados. Que tal comprar o NFT do traje original do ator e recebê-lo fisicamente em casa?

INGRESSOS

Sabe aqueles ingressos para uma uma final memorável da Copa do Mundo ou para o Super Bowl? Eles podem ser vendidos como NFT. Assim, além de permitirem a entrada no evento, tornam-se colecionáveis. Daqui a alguns anos eles podem se valorizar e valer uma fortuna. Colecionadores digitais buscam raridades o tempo todo e muitas vezes pagam valores altos.

É questão de tempo até as marcas passarem a ter um departamento de NFTS.

Eu adoraria ter o direito de comprar o NFT de uma tirinha do meu quadrinho favorito, *Calvin e Haroldo*, de Bill Watterson, e estampá-la em uma camiseta sem precisar me preocupar com direitos autorais.

DESCENTRALIZAÇÃO

Pelo fato de as plataformas serem descentralizadas, os proprietários dos tokens têm direito a voto. Podem, por exemplo, votar para decidir qual tipo de conteúdo pode ser falado ou bloqueado numa rede, os tipos de acessórios que podem ser vendidos, o caminho de evolução da aplicação e as escolhas de novas funcionalidades, ou mesmo definir os caminhos de uma campanha de marketing sem ter que passar por um comitê central.

O espaço NFT *ainda é extremamente inexplorado – cheio de potencial para quem o vê como mais do que arte digital. Como todas as tecnologias emergentes, ele recompensará os pioneiros e os pensadores criativos.*
PETER DIAMANDIS

4.2
JOGOS NFT

Um dos grandes protagonistas de 2021 foram os jogos NFT. Eles se tornaram uma febre entre pessoas que desejam adquirir itens digitais exclusivos por meio da tecnologia blockchain, além de terem virado uma fonte de renda para muitas pessoas durante a pandemia. Como praticamente qualquer material digital pode se tornar um NFT, os games NFT seguem a mesma lógica: transformar o jogo inteiro ou algum elemento daquele título em algo único. Os famosos itens colecionáveis têm o poder de atrair inúmeros jogadores. Estes, por sua vez, enxergam nesses itens a possibilidade de lucrar com peças exclusivas, já que cada NFT dentro do jogo é inédito, um item raro.

PLAY TO EARN (JOGAR PARA GANHAR)

Nesse formato de jogo, os jogadores recebem renda (tokens) enquanto jogam. Por isso, quanto melhores forem os seus itens ou personagens, maiores serão as chances de adquirir itens e, consequentemente, moedas.

Alguns jogos NFTs famosos para você pesquisar:
→ *Axie Infinity*: axieinfinity.com
→ *Bomb Crypto*: bombcrypto.io
→ *Light Nite*: lightnite.io

4.3
ESCASSEZ, MARKETING E CLUBES EXCLUSIVOS

Além de ser uma tecnologia que não pode ser fraudada, é necessário entender um conceito muito importante sobre o NFT.

O NFT não é baseado na escassez da matéria-prima, e sim no direito de utilizar esse ativo digital pagando royalties. Por outro lado, como algo que não tem escassez pode gerar algum valor ou se valorizar ao longo do tempo? A resposta para isso é: é possível criar uma coleção com 10 mil NFTs, e só alguns deles se tornarem muito raros e valorizarem absurdamente. Percebe o dilema? Por isso é muito importante pesquisar antes de sair comprando um NFT. Se você for um designer, fique atento à quantidade de NFTs quando for produzir um. Além disso, como em qualquer marketplace, você precisará ter uma estratégia de divulgação da sua arte; lembre-se que competirá com NFTs do mundo todo. Como as pessoas vão descobrir o seu trabalho?

Quais possibilidades o NFT pode trazer para o marketing? Se ele for usado somente para produzir bens colecionáveis, não mudará muito o cenário atual, certo? Mas, se os avatares dos usuários tiverem uma experiência no metaverso com as marcas, sendo recompensados com tokens em programas de fidelidade ou com chaves de acesso para novos metaversos, isso será uma nova revolução do marketing. A economia criativa vive um dos seus melhores momentos. A criatividade é um dos ativos mais procurados pelas empresas hoje em dia. Para desenvolvê-la, é necessário saber ligar os pontos, ou seja, entender quais as tecnologias disponíveis, enxergar as possibilidades e testar novas ações de marketing dentro do metaverso, sem medo.

CLUBES EXCLUSIVOS

Voltando ao caso do *Bored Ape Yatch Club* (BAYC), além de ser um NFT, ele também é um clube exclusivo, composto por outras celebridades detentoras de um ou mais BAYC, como o apresentador Jimmy Fallon, o cantor Justin Bieber e o rapper Eminem. Esse NFT concede benefícios exclusivos para membros, inclusive festas. O mesmo ocorre com o Bitcoin. Nos Estados Unidos, são comuns as festas liberadas somente para quem tem certo número de Bitcoins em sua carteira. Alguns poucos restaurantes naquele país exigem que o cliente tenha um determinado NFT para poder entrar no local. Isso traz a sensação de pertencimento a um grupo.

Uma das principais plataformas de comercialização de NFTs é a OpenSea, mas novos concorrentes vêm surgindo a cada semana, tamanha oportunidade envolvendo artistas e investidores.

Recomendo entrar no site opensea.io e explorar algumas coleções, preços e estatísticas. No momento em que escrevo esta obra, o BAYC tem 6,3 mil donos.

LOCAÇÃO DE NFT

Imagine que seu artista favorito lance uma coleção de NFTs que valoriza rapidamente, o que faz com que você não consiga comprá-la. Em seguida, esse artista promove encontros exclusivos com os detentores de NFT de sua coleção.

Já existem no mercado meios para locar NFTs, ou seja, o detentor continua sendo o verdadeiro dono – pois ainda acredita que esse NFT pode valorizar ainda mais ou simplesmente não quer se desfazer do item –, contudo pode alugá-lo durante um período, promovendo acesso a encontros exclusivo para os que detêm esse NFT.

Outro exemplo da locação de NFTs é a que dá direito ao acesso e conteúdos exclusivos produzidos por uma empresa X. Imagine um profissional detentor de uma produtora de vídeo que lança uma coleção de NFTs para arrecadar fundos para produzir documentários esportivos. Somente quem tiver um ou mais NFTs da produtora poderá acessar esse conteúdo. Em algum momento o produtor pode locar algum de seus NFTs para outra pessoa ter acesso temporariamente à galeria de vídeos.

Sim, já há um novo mercado chamado ReNFT (*rent* NFT). Isso quer dizer que uma marca já existente ou que ainda será criada poderá patrocinar um novo projeto sem ter um único centavo na conta. O potencial de novas ações de marketing envolvendo NFTs, seus benefícios exclusivos e o senso de comunidade começam a crescer rapidamente. Basta mesclar a tecnologia, a criatividade e a produção de conteúdo para ter uma nova fonte de receita capaz de estimular um negócio. Lembrando que parte da receita em cada revenda poderá ser de royalties para o criador do NFT, e também é possível destinar parte da receita para causas sociais. Já pensou nisso?

5
ECOSSISTEMAS

Quem vai reinar no metaverso?

Essa é a pergunta de um milhão de dólares. Difícil afirmar algo diante de um mercado tão dinâmico, cheio de surpresas e reviravoltas. O que era a grande promessa de hoje pode ser uma enorme decepção em apenas algumas semanas. O desconhecido poderá se tornar gigantesco num curto espaço de tempo.

Há atualmente inúmeras plataformas que estão começando a se destacar nesse novo ecossistema, em diferentes categorias, funções, arquiteturas, responsabilidades e objetivos. Listo a seguir algumas que vale a pena conhecer.

5.1
METAVERSO *GATEWAYS*

Os *gateways* são definidos como portais de entrada, uma passagem entre dois ambientes. No nosso caso, é a passagem do mundo físico para a entrada no metaverso. Dividimos os *gateways* em duas categorias: centralizados e descentralizados.

CENTRALIZADOS

São desenvolvidos por empresas e têm regras definidas. Geralmente as empresas seguem focadas no lucro com os dados do usuário e na lógica centralizada da Web2. Mundos virtuais centralizados de empresas como Meta e Microsoft não precisam necessariamente estabelecer DAOs. Eles podem ou não introduzir a governança baseada no usuário.

Principal player:

Meta (Facebook) e o seu *Horizon Worlds*

Horizon Worlds é um videogame on-line gratuito de realidade virtual com um sistema integrado de criação de jogos, desenvolvido e publicado pela Meta para Oculus Quest e Oculus Quest 2. Dentro da plataforma, os usuários poderão se reunir para conversar, jogar ou construir espaços virtuais personalizados com os amigos, resolver quebra-cabeças interativos e formar equipes para competir em jogos de ação.

Aponte a câmera do seu celular para o QR Code abaixo e assista a um vídeo (em inglês) sobre o *Horizon Worlds*:

Para acessar, você deve instalar o *Horizon Worlds* no seu Oculus Quest ou Oculus Quest 2 por meio do seu celular.

Alguns jogos e redes sociais para você analisar:
- *Fortnite*
- *Roblox*
- *Second Life*
- *Zepeto*
- *GTA on-line*
- *Animal Crossing*
- *Minecraft*

DESCENTRALIZADOS

O metaverso descentralizado nasce de forma orgânica por meio da blockchain, havendo mais escolhas, independência e oportunidades. Atualmente, os dois metaversos mais populares são o *The Sandbox* e o *Decentraland*.

The Sandbox (Sand)

O *The Sandbox* é um jogo colaborativo. Sua primeira versão foi lançada em 2012, e ele é um dos pioneiros a explorar ativos digitais dentro dos games. Em novembro de 2021, sacudiu o mercado de criptomoedas quando o seu token SAND teve uma valorização de 387%. Claro que nem tudo são flores. O SAND acompanha a alta volatilidade das criptomoedas, e despencou 20% num único dia.

O jogo chamou muito a atenção do mercado por ser um dos primeiros projetos relevantes no metaverso. Nele, os jogadores podem construir, possuir e monetizar suas experiências de jogo usando SAND, o token utilitário da plataforma, no melhor estilo *play create earn* (jogue, crie e ganhe).

Além disso, o game vem desenvolvendo uma série de parcerias importantes com empresas, cantores, séries de TV e desenhos animados como Adidas, Atari, Snoop Dogg, The Walking Dead, Smurfs e Hell's Kitchen.

Terrenos virtuais

No *Decentraland*, os menores terrenos (ou *land*, em inglês) têm uma área de 16 metros quadrados, enquanto no *The Sandbox* o menor espaço equivale a 96 metros quadrados. Em janeiro de 2022, o terreno mais barato custava em torno de 60 mil reais. Houve uma valorização de quase 1000% em menos de doze meses.

Recentemente, no *Decentraland*, um terreno foi vendido por mais de 23 milhões de reais, enquanto no *The Sandbox* um navio foi arrematado por mais de 4 milhões.

A *Alpha Season* entrou no ar em novembro de 2021, contendo dezoito níveis, e para jogar e ganhar o token SAND era preciso ter um Alpha Pass. Sem o Alpha Pass é possível acessar três níveis, mas sem ganhar SAND.

Na plataforma, o usuário pode criar seus próprios jogos, publicar e comercializar seus NFTs e interagir com outros avatares. O jogo *The Sandbox* permite login com o e-mail, social login ou pela carteira MetaMask (ver mais detalhes no capítulo seguinte, no item "Transações no metaverso").

Para mais informações, acesse sandbox.game.

Decentraland

Decentraland é um jogo construído na blockchain do Ethereum por dois programadores argentinos. Ele pode ser controlado pelos jogadores, permitindo a livre exploração, o desenvolvimento e a socialização no metaverso. Os usuários podem comprar terrenos virtuais na plataforma por meio da criptomoeda MANA, que usa a blockchain Ethereum. O jogo abriu para o público em fevereiro de 2020 e é supervisionado pela Fundação Decentraland, sem fins lucrativos.

Como todo game no metaverso, após fazer o login o jogador é direcionado para a customização do avatar. Depois disso, o usuário inicia o jogo na Genesis Plaza e passa por um tutorial.

O *Decentraland* possui um total de 90601 parcelas individuais, com as quais o jogador pode interagir, e ativos digitais não fungíveis adquiridos durante o jogo.

Cada *land* tem dezesseis metros quadrados e pode ser encontrada em uma coordenada específica no metaverso. Depois de possuir um lote de *land*, é possível monetizá-lo através de *leasing*, publicidade e experiências pagas.

Essa plataforma recebeu a primeira Fashion Week no metaverso e teve a participação de grifes importantes como Dolce & Gabbana, Paco Rabanne e Tommy Hilfiger.

Acesse decentraland.org para descobrir mais.

5.2
TRANSAÇÕES NO METAVERSO

Você pode entrar num metaverso como um convidado e apenas caminhar com o seu avatar, interagir e socializar sem precisar comprar absolutamente nada. Porém, se em algum momento você quiser comprar um acessório para o seu avatar, um terreno virtual ou escolher um dos inúmeros NFTs disponíveis, precisará de criptomoedas para pagar. Para isso, deverá abrir uma conta numa corretora que transaciona criptomoedas, como a Ethereum. Geralmente é possível fazer uma transferência bancária da sua conta em reais para a corretora. Dentro dela, você fará a compra da sua criptomoeda.

Antes de comprar suas criptomoedas, converse com quem já atua com cripto para escolher a sua corretora e o momento em que fazer essa transação. Além disso, você deve criar uma carteira virtual conectada a sua conta na corretora, de forma a conter o respectivo saldo em criptomoedas junto aos metaverso em que você vai navegar, como *The Sandbox*, *Decentraland* etc. A carteira digital mais conhecida é a MetaMask.

METAMASK

MetaMask é uma carteira digital de criptomoeda voltada para o armazenamento de tokens da Ethereum, e o principal deles é a moeda Ether. Esta permite que os usuários acessem a carteira Ethereum por meio de uma extensão do navegador ou aplicativo móvel, que pode ser usado para interagir com aplicativos descentralizados. O MetaMask oferece cofre de chaves, login seguro, carteira e troca de tokens, permitindo guardar a moeda, enviar e receber pagamentos.

Acesse metamask.io para instalar e configurar o aplicativo MetaMask. Ele está disponível para download no Chrome, Opera, Brave Browser, Firefox ou Mozilla, IOS e Android. Então, selecione a plataforma que está usando e siga as etapas para concluir a instalação em seu dispositivo.

CORRETORAS
Binance

A Binance é uma bolsa global de criptomoedas acoplada a uma plataforma de negociação de mais de cem moedas criptográficas. Desde o início de 2018, ela é considerada a maior corretora de criptomoedas do mundo em termos de volume de transações.

As criptomoedas são automaticamente mantidas numa carteira alojada. Denomina-se alojada porque é um terceiro que mantém as criptomoedas, de modo análogo ao que faz um banco em relação à conta-corrente ou à poupança.

Outras opções de Binance são Coinbase, FTX3, NovaDAX, Mercado Bitcoin e FoxBit.

Como sempre, a minha recomendação é que você pesquise e troque ideias com pessoas já atuantes com criptomoedas.

5.3
MAINSTREAM

Na categoria *gateways* centralizados, além da já citada Meta (Facebook), há outros grandes players de mercado e sua visão para o metaverso, que também merecem comentário.

MICROSOFT

Já comentei no capítulo 2 sobre o Microsoft HoloLens e a realidade mista.

Recentemente a empresa lançou o Mesh for Microsoft Teams, que possibilita a realização de reuniões em realidade virtual.

Agora, com a compra da Activision Blizzard (dona de *Call of Duty*, *Candy Crush* e *World of Warcraft*) por 70 bilhões de dólares, a Microsoft se tornou a terceira maior empresa de jogos do mundo em receita, ficando atrás somente da Tencent Holding (*League of Legends* e participação na Epic Games, produtora do *Fortnite*) e da Sony (PlayStation). O que está por trás disso? Uma vez que é possível a compra e a venda de tokens nos ambientes virtuais, provavelmente a Microsoft lançará a sua própria criptomoeda. Talvez esse seja o maior passo até o momento sobre a importância do metaverso para essa companhia, que estará entre as mais bem posicionadas para capitalizar oportunidades.

APPLE

A Apple está investindo – e muito – em desenvolvimentos de AR em seus dispositivos.

Tim Cook, CEO da Apple, informou que em janeiro de 2022 a empresa já disponibilizava catorze mil aplicativos na App Store. Os aplicativos foram projetados usando a plataforma de desenvolvimento AR ARKit, e isso pode ajudar os usuários a obter acesso ao metaverso.

Muitos comentam que a Apple está ficando para trás em comparação à Microsoft e à Meta em relação ao metaverso. Na minha opinião, a Apple deverá mudar o jogo mais uma vez, o mesmo que fez no lançamento do iPhone, quando revolucionou o mercado ao possibilitar a criação de milhares de aplicativos sem os quais, hoje em dia, não conseguimos viver. A empresa deve lançar um headset AR até 2023 equipado com óculos para acompanhar as imagens. Isso mostra os esforços contínuos dessa companhia no tripé hardware, software e serviços.

APPLE GLASSES

Há muitos rumores e mistério em torno do lançamento do Apple Glasses. Há dúvidas sobre se o equipamento rodará num sistema operacional próprio, o glassos, se será integrado com o iPhone, qual a data de lançamento, qual será o preço e quais inovações a Apple trará.

Parece que a empresa está trabalhando em um sistema operacional específico para AR e VR, sob o nome de RealityOS. Só nos resta aguardar para saber se a Apple irá novamente transformar a forma de se comunicar e interagir no mundo digital ou se será mais uma protagonista lutando contra fortes concorrentes pela hegemonia no metaverso.

HTC

O HTC é um dos maiores players em se tratando de realidade virtual, que produz *headsets* poderosos com resolução 4K. Porém, a empresa pretende introduzir também o acesso ao metaverso por meio dos seus novos smartphones, mas ainda não mencionou os detalhes.

O principal anúncio da HTC no Mobile World Congress (MWC) 2022, em Barcelona, foi a estreia do Viverse – o conceito metaverso da empresa, que promete fundir VR, XR, 5G, tecnologia blockchain, NFTs e muito mais em uma nova plataforma futurista.

Seja através de novos hardwares, óculos de realidade virtual ou mista ou de novos smartphones, as grandes empresas estão buscando formas inovadoras de prover aos seus usuários acesso ao metaverso.

6
AVATARES E IDENTIDADES DIGITAIS

6.1
CRIANDO A SUA IDENTIDADE DIGITAL

No metaverso, o usuário tem uma única identidade digital, expressa pelo seu avatar, também usado para acessar qualquer evento nesse universo. Na Web2, os navegantes possuem vários IDs, perfis diversos em mídias sociais, *badges*, histórico de games, inúmeros logins e senhas, tudo armazenado em um das *Big 5* (Microsoft, Google, Facebook, Amazon e Apple).

Se na realidade tangível eu uso um terno, as pessoas esperam de mim um determinado comportamento. Se estou usando calça jeans com uma camiseta da minha banda favorita, talvez esperem outro. Esses atributos visuais também são utilizados no metaverso, através do avatar. Por meio dele, a pessoa pode se autorrepresentar de maneira próxima a sua aparência física ou ser mais alta, mais baixa, mais forte, ou ser uma guerreira, um cachorro, uma banana. Não há certo ou errado. Há apenas o que o usuário quer ser, e é sempre possível. Se sou introvertido na vida real, posso ser extrovertido no metaverso, e meu avatar pode usar inúmeros acessórios, como mochilas, bolsas, asas, patins, colares etc.

É possível usar o nome real no metaverso, mas muitos usuários preferem o anonimato, como no mundo gamer, onde a Maria usa o *username* MXYZ, porque não quer ser reconhecida. Quase ninguém a conhece no mundo real, mas no metaverso ela pode se tornar uma celebridade e, consequentemente, se tornar bilionária ganhando criptomoedas. Maria vai querer que saibam quem ela é na vida real e quanto dinheiro possui? Não, pois assim poderá andar tranquilamente pelas ruas da cidade, sem ser incomodada por fãs e paparazzi. Mas MXYZ estará disponível num único metaverso ou em vários? Tem múltiplos avatares? Um único avatar com todos os acessórios, mas com diferentes *usernames*? E quando surgir um novo metaverso e alguém registrar primeiro o nome MXYZ e sequestrar a reputação digital de Maria? Sim, atualmente enfrentamos um problema de interoperabilidade.

6.2
INTEROPERABILIDADE

Um dos maiores desafios hoje é a interoperabilidade entre os metaversos. Como me conectar em vários metaversos? Como esses metaversos irão se conectar e trocar informações?

Os usuários querem se conectar em um único lugar e poder acessar de uma vez tudo o que possuem (ativos, *skins*, NFTs, criptomoedas e tokens). Isso porque, atualmente, em cada metaverso é preciso criar um novo avatar e começar tudo de novo.

Além disso, a falta de interoperabilidade não permite que um NFT comprado no metaverso A seja vendido no metaverso B. Enquanto escrevo este livro, isso ainda não é possível e será um dos maiores desafios do metaverso futuramente.

Teremos uma carteira digital, armazenada numa camada separada que se conecta com todos os metaversos? Estamos caminhando para isso. Veja o exemplo do Discord: o aplicativo transformou-se numa plataforma de comunicação entre milhões de gamers dos jogos *Fortnite* e *League of Legends*.

A proposta inicial do metaverso é operar de forma aberta, mas hoje os dApps são construídos e operados por empresas diferentes. Espera-se que num futuro próximo eles possam estar integrados, pois dessa maneira conseguiríamos transportar nosso avatar e nossos bens digitais de uma rede blockchain para outra.

Além da interoperabilidade, temos outras questões relacionadas aos diferentes metaversos: eles rodarão em equipamentos simples ou sofisticados? Qual tecnologia será adotada, AR, VR ou navegador? Cada uma tem as suas vantagens e restrições. Há um verdadeiro oceano para que desenvolvedores e startups implementem suas ideias e tentem criar um possível padrão para plugar todas essas tecnologias.

7
OPORTUNIDADES

A internet trouxe novos modelos de negócios, e o mesmo aconteceu com a chegada das mídias sociais, dos serviços de streaming e do e-commerce. A previsão é de que o metaverso percorrerá o mesmo caminho, pois ele aumenta a capacidade de comunicação e a clareza com que as informações chegam ao consumidor por meio de uma experiência inovadora.

Pense por um momento nestas duas perguntas:
1. Como posso replicar um modelo de negócios da vida real no metaverso?
2. Como posso inovar e melhorar essa experiência?

A corrida do ouro começou mais uma vez. Sim, o metaverso ainda é uma criança, mas a probabilidade de se tornar um adulto e vir a ser *mainstream* é grande.

7.1
NOVAS EXPERIÊNCIAS DE COMPRA

Como serão as lojas e os shoppings virtuais no metaverso? Compraremos somente bens virtuais ou poderemos encomendar o bem físico para ser entregue em casa? Sim, teremos ambos! Hoje não sabemos se conhecemos alguém primeiro no mundo virtual, em uma videoconferência, e depois vamos vê-lo num encontro presencial. O mesmo acontece com as compras. Não vai mais fazer diferença como se conhece um produto, se é no metaverso ou numa loja física. Se a compra foi feita somente no formato digital, como um tênis para o seu avatar, e depois você obtete o produto fisicamente.

A vantagem de um shopping no metaverso será a sua experiência em um ambiente 3D, no qual você poderá ser atendido por um avatar ou vendedor com a sua câmera ligada, entrar em uma loja com os seus amigos em forma de avatar, cada um fisicamente em uma cidade diferente, discutir e pedir opiniões sobre um produto em tempo real.

Outra oportunidade: para atingir o seu público-alvo, um lojista poder alugar uma loja no metaverso por apenas algumas horas ou durante um evento específico.

Para experimentar essa sensação, dê uma olhada no Red Fox Labs (rfox.com) – uma experiência de compras, varejo e entretenimento totalmente imersiva em realidade virtual, combinando vários elementos de jogo e formando seu próprio metaverso autônomo.

Entrar numa farmácia no metaverso em vez de entrar numa farmácia física pode ter alguns diferenciais importantes. No metaverso essa farmácia poderá ser um ambiente 3D do corpo humano, onde o usuário poderá andar com seu avatar até o órgão correspondente a sua dor e obter o medicamento necessário para tratar o que sente. Falando de outra forma, se estou com dor de cabeça, é só andar até a cabeça; lá verei animações sobre as possíveis causas da minha dor e os tratamentos recomendados. Não estou falando de automedicação, e sim de melhorar a experiência do cliente. Um exemplo de melhoria no atendimento ao cliente é a pizzaria Domino's, que abriu um quiosque em *Decentraland*. Nos Estados Unidos, por meio da loja no *Decentraland*, a pessoa faz o pedido e o recebe fisicamente em sua casa.

7.2
A RECOMPENSA POR SER PIONEIRO

"Quem chega primeiro bebe água limpa." Essa frase reflete muito bem o momento que vivemos, de retomada econômica. Enquanto alguns retardam as possibilidades do metaverso, algumas empresas aproveitam para se lançar no mercado como pioneiras, exploradoras ou grandes testadoras do que pode ser criado e oferecido para o público.

O Facebook se apropriou da palavra "meta", a Microsoft comprou a Activision Blizzard, a Apple está próxima de lançar os óculos de realidade mista, os vários artistas lançam NFTs e inúmeras celebridades os compram, novas plataformas de games e metaversos são lançados diariamente. Todo esse movimento de grandes empresas e de autônomos conhecidos e desconhecidos significa que algo de muito importante está acontecendo neste exato momento. Essa nova economia virtual, com as criptomoedas ganhando cada vez mais espaço e criando novos modelos de negócios, está gerando inúmeras oportunidades, mas a maioria das pessoas e empresas ainda resiste ao metaverso. Alguns até tentam entender essa nova revolução da Web3; outros acham que é um modismo do Vale do Silício, e apenas uma minoria se lançou de cabeça e abraçou as oportunidades da nova corrida do ouro. Quem ficar para trás e não agir imediatamente em pouco tempo vai se arrepender de não ter buscado oportunidades para explorar essa nova economia.

7.3
OS DISTRITOS E O CONCEITO DE COMUNIDADES

Aproveitando o conceito de comunidades, podemos criar distritos no metaverso para atender a grupos específicos com interesses em comum. Por exemplo, criar um distrito de sustentabilidade onde os avatares possam conhecer o que as marcas estão fazendo em relação ao assunto, além de assistir a palestras de especialistas, conhecer pessoas de todos os cantos do mundo, fechar parcerias, desenvolver novos negócios e trocar conhecimento. Haverá também distritos dedicados ao entretenimento, com jogos e filmes VR, shows, esportes e e-sports, cassinos, museus, universidades e parques de diversão.

Pensando nisso, recomendo mais uma vez a você, leitor, que pesquise e navegue em alguns metaversos para enxergar as possibilidades.

→ *Dragon City/China City* no *Decentraland*: distrito que promove a cultura chinesa
→ *Upland*, *Roblox*, *Star Atlas* e *Fortnite*: jogos no metaverso

7.4
CORPORATIVO

Como o metaverso transformará as empresas? Sob dois aspectos: colaboradores e clientes.

No primeiro grupo, a transformação será na maneira como o metaverso pode tornar o processo colaborativo melhor entre os funcionários espalhados pelo planeta, divididos em escritórios regionais e atuando por meio de um modelo híbrido. Essa colaboração imersiva poderá criar oportunidades jamais pensadas. Em tempos de ESG, como será a governança? Como fica o conselho administrativo uma vez que as DAOs começam a ganhar espaço, mesmo que de forma tímida, mas com um potencial enorme? Quando essa descentralização da tomada de decisões passar a ser feita pelos *shareholders*, e não pelos conselheiros, quais os impactos disso no rumo da empresa? Como preparar de forma adequada as empresas para iniciarem/testarem esse processo? Os clientes serão incluídos nas tomadas de decisões?

Tudo isso pode soar novo e utópico para alguns, mas vale a pena se interessar, discutir e pensar a respeito dessa dualidade na gestão dos negócios, atuando no meio físico e, em paralelo, estruturando a empresa no metaverso, introduzindo novas experiências para os colaboradores e para os clientes, além de novas formas de transação via NFTs. Se a sua empresa ainda não se reuniu para discutir o tema, a sugestão mais óbvia é pensar em como ela seria no metaverso. Para isso, é preciso contar com pessoas dispostas a inovar, experimentar, testar, errar, corrigir e aprender para, finalmente, definir quais serão as métricas utilizadas para mensurar os retornos de investimentos no metaverso.

A Teoria da Destruição Criativa, desenvolvida pelo economista austríaco Joseph Schumpeter na década de 1940, afirma que não é possível chegar ao novo por sucessivos incrementos do velho. E o novo, atualmente, é o metaverso!

7.5
MERCADO IMOBILIÁRIO

Os proprietários de um imóvel podem usar NFTs para tokenizar direitos de propriedade, ou seja, estabelecer, rastrear e trocar a propriedade do imóvel. Pense nos direitos de propriedade tokenizados como uma ação muito mais eficiente para uma casa.

Atualmente as vendas de imóveis exigem supervisão e regulamentação legal burocráticas. Por meio do *blockchain*, a propriedade baseada em NFT pode criar um mercado imobiliário mais líquido, reduzir a burocracia, eliminar a fraude, expandir o acesso ao financiamento de projetos, automatizar a cobrança de aluguéis e muito mais. Essas são apenas algumas das maneiras pelas quais os NFTS podem impactar as indústrias existentes.

É possível criar um metaverso alugando terrenos ou vendendo imóveis e ganhando percentuais de cada transação efetuada. Outra possibilidade é construir um metaverso com inúmeros prédios corporativos, criando áreas de experiência imersiva, entretenimento e compras, de forma a atrair marcas e seus colaboradores (avatares) para trabalhar nesse metaverso.

Dentro do prédio 3D de uma empresa, colegas de trabalho podem se encontrar, fazer reuniões, caminhar com o avatar pelo escritório, discutir uma nova ideia, contar como foi o final de semana de cada um. Um gestor de RH, por exemplo, pode caminhar com seu avatar até o prédio ao lado e descobrir quais outras práticas a empresa vizinha usa no processo de integração dos novos colaboradores. Indo até lá, ele pode descobrir uma sala de boas-vindas num ambiente 3D que procura replicar a cultura da empresa, com holografias dos principais executivos saudando os novos colaboradores, um painel rodando um vídeo sobre o propósito da companhia, um showroom com os principais produtos sendo exibidos em 3D, a possibilidade de conversar via áudio espacial com os novos colegas que estão iniciando na empresa, entre outras possibilidades. Em algum momento, o gestor de RH ativa uma gamificação, podendo ser um quiz sobre a empresa. Conforme o funcionário vai acertando as respostas, ganha pontos e, ao final do treinamento, seu conhecimento é reconhecido e ele pode até ser premiado com um livro, uma viagem ou um tablet. Nesse contexto, imagine quais serviços a sua empresa poderia oferecer. Desenvolver games para treinar a gestão de tempo, o trabalho em equipe e a liderança? Que tal criar um *escape room* no metaverso?

Uma indústria pode replicar sua fábrica num ambiente 3D e simular um incêndio para treinar os funcionários sobre as rotas de fuga nessa situação. Também é possível contratar um especialista para palestrar no metaverso corporativo, proporcionando uma experiência muito melhor do que os encontros pelo Zoom, porque as pessoas teriam espaço para fazer o networking, descobrir elementos lúdicos e aplicar a gamificação no estado da arte.

7.6
QUAIS SONHOS AS MARCAS PODEM REALIZAR PARA OS SEUS CLIENTES?

Esse é o novo objetivo das marcas dentro do metaverso: realizar os sonhos dos seus clientes, seja criando uma experiência de compras em ambientes 3D ou patrocinando um show, seja criando um novo game ou proporcionando encontros de interesse entre avatares.

Pensando naqueles que não têm condições físicas ou financeiras de assistir presencialmente a um grande evento esportivo ou a determinado show, uma marca pode criar uma experiência imersiva no metaverso. Antes de iniciar o evento, a pessoa pode circular com seu avatar por esse ambiente virtual, visitar o estande da marca, conversar com um vendedor, ver produtos em formato 3D, jogos, e ainda escolher em qual câmera quer assistir ao evento. Durante essa experiência, o usuário pode conhecer uma nova coleção de roupas para avatares e, ao mesmo tempo que faz compras, receber em casa o mesmo produto físico. Empresas como Nike, Adidas, Tesla e Aglet têm utilizado o metaverso para esse tipo de ação.

Em 2021, a Nike comprou a RTFKT, que se autodefine como uma empresa nascida no metaverso. A RTFKT tem por objetivo criar tênis e artefatos digitais únicos – entenda-se NFTs. Os produtos da empresa são vendidos em Ethereum. Para saber mais, acesse rtfkt.com.

7.7
SETOR ALIMENTÍCIO

Como posso levar um restaurante para o metaverso? Vejamos algumas ações iniciais de grandes marcas como McDonald's, Starbucks e Outback, exemplos em relação às oportunidades que o metaverso pode trazer para qualquer negócio, independentemente do seu porte. Além da criatividade, a experiência e o benefício para os clientes também são dois pilares importantes.

É possível ter um restaurante virtual que entregue comida real. Se sentir fome ao caminhar pelo metaverso, o usuário não precisa abandonar o computador ou trocar de aplicativo no celular. É só entrar em um restaurante e fazer o pedido pelo metaverso, sem interromper a experiência imersiva. Foi o que o McDonald's realizou recentemente. Já fazemos isso pelo celular, certo?

Além de inovar na forma de fazer o seu pedido, o usuário pode oferecer experiências de entretenimento e de educação como forma de atrair e fidelizar o público. Por exemplo, você pode criar um game e enviar um NFT colecionável para quem completar as missões. Esse mesmo NFT poderá dar acesso a algum benefício no seu restaurante físico, como a uma sobremesa grátis ou um prato exclusivo – ou seja, para pedir um item específico do menu, o cliente precisa entrar num metaverso que tenha o restaurante virtual e simplesmente visitá-lo, participando de alguma experiência imersiva. Um chef pode oferecer um workshop no metaverso para as pessoas aprenderem uma receita ou novas técnicas. Um sommelier pode falar sobre harmonização. Essa é a forma de comunicação, de aprender e de consumir da geração digital. O que foi criado no mercado de games agora é transferido para o varejo, portanto não se deve ignorar esse movimento. Metaversos como *Upland*, *Decentraland* e *The Sandbox* proporcionam tais experiências. Entrar no metaverso torna a sua marca inovadora, jovem e conectada com essa comunidade que não para de crescer e faz girar a economia digital.

7.8
PESSOA FÍSICA

Segundo o CEO da Epic Games, Tim Sweeney, "O metaverso não vem de nenhum gigante da indústria, mas da cristalização da cocriação de milhões de pessoas. Cada um faz sua contribuição para o metaverso por meio da criação de conteúdo, programação e design de jogos. As contribuições também podem agregar valor ao metaverso de outras maneiras".

Atuo com a internet desde 1995, quando comecei a criar websites. Em 1996 fui para os Estados Unidos, e durante quatro anos trabalhei numa das maiores empresas da área em Los Angeles. Já vi muita coisa acontecer na internet nos últimos 25 anos, então hoje posso dizer com certeza que há inúmeras possibilidades aguardando no metaverso, seja você um designer, um desenvolvedor, um arquiteto ou um influencer, ou seja simplesmente uma pessoa que não tem conhecimento algum em tecnologia ou que nunca empreendeu. O metaverso ainda está no início, e os profissionais da tecnologia o estão desbravando e testando modelos. Minhas perguntas são: por que você vai ficar de fora? Qual é o risco? Por que não se aprofundar no assunto, conversar com os amigos e tirar as suas próprias conclusões?

Já abordamos o tema NFTS nos capítulos anteriores. Isso dá uma amostra das oportunidades para designers do mundo todo, que podem criar suas coleções, fazer o upload das imagens no opensea.io, vender e receber royalties.

Os arquitetos, juntamente com os designers e os engenheiros, têm um verdadeiro oceano pela frente, pois estamos falando da construção de um novo ambiente. As empresas vão gerar novas demandas para esses profissionais, porque será necessário construir shoppings, casas, condomínios, espaços para eventos e museus virtuais para expor obras de artes e NFTS no metaverso. Se estamos falando de novos espaços no metaverso, como vou mobiliar a minha casa ou quais peças serão expostas no museu virtual? Arquitetos e designers poderão criar uma linha de mobiliários virtuais, cadeiras, mesas, poltronas e esculturas e, claro, comercializá-los como NFTS.

Isso falando apenas das necessidades dentro do metaverso. Por outro lado, novos espaços físicos deverão ser concebidos, como a readequação de um espaço já existente no shopping ou a criação de uma sala dentro de uma loja, para que possamos usar de forma segura os novos óculos, os vestíveis e os acessórios que criarão as novas experiências imersivas no metaverso.

GÊMEOS DIGITAIS (*DIGITAL TWINS*) E SIMULAÇÃO DE CIDADES

Gêmeos digitais são réplicas digitais de construções físicas que simulam comportamentos reais a partir do chamado Building Information Modeling (BIM).

O conceito de gêmeos digitais já é utilizado na simulação de cidades. É possível criar versões virtuais de diferentes locais para entender como eles podem ser mais eficientes para as pessoas.

Las Vegas apontou o futuro das cidades conectadas durante a Consumer Electronic Show de 2022 ao lançar o seu *digital twin* – uma réplica digital conectada em 3D. O *digital twin* agrega dados históricos e de sensores conectados em tempo real na cidade. Informações como número de veículos, bicicletas e pessoas em trânsito, qualidade do ar, temperatura, quantidade de barulho e uso de energia podem ser conectadas a ele, criando uma réplica viva da cidade. Quem criará a réplica virtual de uma cidade? Creio que você já sabe a resposta.

7.9
MODA

O mundo da moda também já deu os primeiros passos no metaverso. Nike, Ralph Lauren, Gucci, Burberry e Vans estão comercializando seus NFTS e expondo a sua marca no ciberespaço para ganhar mais visibilidade.

A Gucci vendeu a versão digital da bolsa Dionysus na plataforma do jogo *Roblox* por mais de 4 mil dólares – preço superior ao da versão física do produto.

JARDIM GUCCI

Uma exposição virtual interativa e única inspirada nos Arquétipos do Jardim Gucci, uma experiência multimídia imersiva que explora e celebra a visão criativa de Alessandro Michele, dentro do *Roblox*. Gucci levou alguns itens raros à plataforma no ano passado com a ajuda da comunidade de criadores do *Roblox*.

THE FABRICANT

Ao entrar no site thefabricant.com, deparamos com a seguinte mensagem:

> *Sempre digital, nunca físico.*
> *Não desperdiçamos nada além de dados e não exploramos nada além de nossa imaginação. Operando na interseção da moda e da tecnologia, fabricando alta-costura digital e experiências de moda. Projetando nossas próprias roupas digitais altamente elaboradas e trabalhando em conjunto com marcas de moda para definir o futuro da moda.*
> (THE FABRICANT, homepage, tradução nossa)

A venda do vestido Iridescence, projetado pela The Fabricant, representa um momento marcante na alta costura digital. Com uma transação blockchain inédita, a peça única é um objeto de arte digital rastreável, negociável e colecionável, leiloado via Portion por 9,5 mil dólares (sim, nove mil e quinhentos dólares). O Portion é um marketplace que conecta artistas e colecionadores por meio da tecnologia blockchain para vender, investir e possuir artes colecionáveis.

Anos atrás um modelo de negócios assim – sem matéria-prima, sem aluguéis caros ou custos de estoque, apenas criatividade e tecnologia – era impensável, mas agora se tornou realidade.

7.10
GAMES

Muito antes, outros universos virtuais passaram do metaverso para a Matrix. *Ao lado da galáxia* Star Wars, *o universo* Firefly *teve uma recriação detalhada do universo* Star Trek *na área a seguir. Centro Terra. Os jogadores podiam mover-se rapidamente de um universo para o outro. Vulcano. Pern. Arrakis. Magrathea. Discworld, Mid-World, River World, Ringworld. Universos sobre universos.*

ERNEST CLINE

Encontros, socialização, venda de *skins*, armas, transmissão de shows, presença de influencers e um novo espaço publicitário. Sem dúvida, o segmento que acelerou o metaverso foi o mercado de games, mesclando mais uma vez tecnologia e criatividade. Jogos como *Fortnite*, *Upland* e *Roblox* mudaram completamente o conceito de jogar.

Se a desenvolvedora de jogos Zinga, por meio do game *Farmville*, rodava em cima do Facebook, agora os desenvolvedores podem alugar um espaço e construir uma franquia numa plataforma descentralizada como a *The Sandbox* ou a *Decentraland*.

FORTNITE

Do universo gamer para um sucesso de marketing.

O *Fortnite* é um dos jogos mais jogados no mundo, ao lado do *Minecraft* e do *League of Legends*, e consiste em um jogo de tiro do tipo *Battle Royale*, ou seja, todos contra todos, onde o último sobrevivente é o vencedor.

Criado pela empresa Epic Games, o jogo já recebeu um aporte no valor de 1 bilhão de dólares e fechou parcerias com várias marcas, dentre elas Gucci e Burberry.

Segundo a própria Epic: "O *Fortnite* é um mundo de muitas experiências. Entre na Ilha para competir para ser o último jogador ou equipe sobrevivente. Entre com amigos para assistir a uma apresentação ou a um filme. Crie um mundo só seu, com as suas próprias regras. Ou salve o mundo ao enfrentar hordas de monstros em equipe".

Skins

Quando falamos de *skins*, o Fortnite dá um show! Lá os jogadores podem ter trajes steampunks, vestimentas tribais, incorporar seres mitológicos, futuristas, piratas, cavaleiros medievais e caubóis. Sem contar as parcerias com a Marvel e a DC Comics para a venda de *skins* personalizadas.

MARKETING DE INFLUÊNCIA

Em março de 2018, Tyler Blevins, um famoso gamer norte-americano, promoveu a transmissão de uma partida de *Fortnite* na internet. Até aí, nenhuma novidade. Mas ele chamou adversários famosos: os rappers Drake e Travis Scott. A partida bateu recordes de audiência, chegando a um número de 635 mil espectadores (o recorde anterior era de 338 mil).

Se antes tínhamos blogueiros, depois youtubers, agora é a vez de os influencers produzirem conteúdo fazendo transmissões ao vivo para o seu público e jogando com convidados ilustres. As marcas perceberam isso como uma nova forma de exposição mais espontânea, diferente dos tradicionais anúncios em mídias sociais. O que era para ser mais um jogo multiplayer virou um fenômeno da publicidade.

A própria Netflix identifica o *Fortnite* com um dos seus principais concorrentes, muito mais do que Apple TV, Amazon Prime e HBO.

UPLAND

O jogo *Upland* pretende reconstruir o mundo a partir de um metaverso mapeado, à semelhança do planeta Terra, e quer se tornar a maior e mais dinâmica economia digital baseada em blockchain e NFT.

Esse jogo já vendeu mais de 3 milhões de NFTs e conta com mais de 2,5 milhões de usuários registrados. Isso mostra o interesse e o potencial de crescimento em relação aos terrenos virtuais.

A gamificação está presente de forma estratégica e tem um *roadmap* muito interessante. Diferente do *Roblox*, que atinge a faixa etária dos 8 aos 15 anos, e do *Minecraft*, com usuários na faixa dos 12 aos 25, o *Upland* atrai usuários em torno dos 21 anos que já têm alguma renda, estão entrando no mercado de trabalho ou são experientes investidores. Esses usuários negociam entre si ativos digitais e promovem encontros no mundo real.

O *Upland* transforma toda a parte complicada do blockchain em uma interface simples e amigável, eliminando barreiras de entrada e favorecendo o engajamento, pois o usuário não é obrigado a ter uma carteira digital, criptomoedas, Bitcoin, Ethereum etc. para comprar e vender. Ele pode utilizar o PayPal ou uma conta na Apple ou Google Store para comprar UPX, a moeda do jogo.

Resumindo, é uma ambiente interessante para iniciantes no metaverso. No *Upland* os novatos podem experimentar transações como a compra de terrenos virtuais mapeados, compra e venda de NFTs, além de acessar experiências promovidas pelas marcas presentes.

ROBLOX

O *Roblox* é uma plataforma de games 3D, mas não é jogável como os títulos tradicionais, entre os quais podemos citar *Fortnite* e *Minecraft*, já que não se trata de um jogo em si, mas de um game base. Um game base é uma espécie de Lego, porque possibilita que o usuário crie seu próprio jogo e jogue o de outras pessoas.

Ao criar um jogo dentro do *Roblox*, o jogador pode criar personagens, regras e objetivos. Talvez esse seja um dos segredos do sucesso desse game base.

Robux

Robux é a moeda utilizada na plataforma. O usuário pode conseguir um Robux por meio da assinatura do *Roblox* Premium, a forma mais correta e simples de garantir a moeda, uma vez que há muita propaganda enganosa na internet acerca de como ganhar Robux grátis.

Também é possível participar de sorteios e eventos promovidos pela própria plataforma. Outra opção é ganhar Robux criando e vendendo itens como camisas, calças ou camisetas.

7.11
SAÚDE DIGITAL

As tecnologias do metaverso ainda não são tão comuns na saúde digital, mas os primeiros sinais de investimento e inovação já são visíveis. Por estar no começo, é importante analisar o que as *healthtechs* (startups focadas em saúde) estão fazendo e, assim, buscar oportunidades. Em 2021, nos Estados Unidos, foram investidos 198 milhões de dólares em financiamento para startups de saúde digital que integram tecnologias VR ou AR e hologramas, ou seja, mais que o dobro dos 93 milhões investidos em 2020.

Uma área que está sendo explorada são os *ambientes imersivos*: mundos virtuais ou híbridos onde os profissionais de saúde e os pacientes se envolvem para fins educacionais, assistivos ou terapêuticos.

Bons exemplos dessa aplicação são a plataforma de treinamento cirúrgico Osso VR e a Health Scholars, simuladores de situações de emergência cujo intuito é estimular médicos a praticar a resposta rápida. Para socorristas, os óculos AR da ThirdEye avaliam a condição de um paciente e fornecem instruções de cuidados antes de ele chegar ao hospital.

O metaverso poderá aprimorar as experiências relacionadas a meditação ou tratamento de dores crônicas. Há muito tempo os óculos VR são usados para tratamento de fobias, como medo de altura e de voar de avião.

GÊMEOS DIGITAIS NA SAÚDE

Gêmeos digitais são modelos digitais tridimensionais e idênticos a peças, produtos e equipamentos físicos. Para evitar interromper toda uma linha de produção, a tecnologia do gêmeo digital pode simular o seu funcionamento em um ambiente virtual, trazendo mais produtividade, segurança, economia de energia, antecipação de cenários, desempenho e resultados.

Os problemas de conectividade estão sendo resolvidos por tecnologias como 5G e links de satélite de alta velocidade que fornecem a largura de banda necessária em aplicações industriais ou remotas.

A experimentação é muito importante nesse começo do metaverso industrial, pois nenhum de nós vai acertar de primeira. Devemos testar, aprender e incorporar as tecnologias mais novas no mundo virtual para, então, implementá-las na vida real.

Quando Peter Diamandis menciona, entusiasmado, que vamos viver mais e melhor, fala em função do crescente número de *healthtechs* e de sensores de monitoramento – plataformas preventivas que acusarão possíveis problemas.

Nessa linha de inovação, os gêmeos digitais exercem um papel fundamental na busca de novas possibilidades e soluções na área da saúde. Um exemplo disso é a Siemens Healthineers, pioneira em gêmeos digitais cardíacos, simulações digitais complexas que refletem a estrutura molecular e a função biológica dos corações de pacientes individuais. Usando gêmeos digitais cardíacos, os médicos podem simular como o coração de um paciente responderia a medicamentos, cirurgias ou intervenções com cateter antes de tomar qualquer decisão no mundo real. Na verdade, você pode construir gêmeos digitais para grupos ósseos e musculares e simular como dispositivos médicos ou implantes podem se degradar no corpo de um paciente ao longo do tempo. Incrível, não?

O uso da rede blockchain e dos NFTS na área da saúde traz segurança para os dados do paciente de forma descentralizada (hoje ela é centralizada), e, quando combinados, podem evitar fraudes. No final do dia, todos querem ter seus dados protegidos, e não vulneráveis sob a administração de um plano de saúde, onde estariam sujeitos a vazamento de dados.

7.12
INDÚSTRIA

A cada ano que passa, as tecnologias estão convergindo e o metaverso industrial começa a tomar forma. A Indústria 4.0 (Indústria IOT – Internet das Coisas) há muitos anos vem coletando dados de equipamentos e ambientes. Esses dados são armazenados na nuvem e acessados por meio de um provedor de IOT pronto para uso, como a AWS da Amazon ou o Azure da Microsoft. Ao combinar o metaverso com a IOT, é possível ter todos os dados armazenados de forma inovadora, além de permitir o acesso remoto, colaborativo e com novas funcionalidades.

Importante dizer que a realidade aumentada foi e continua sendo uma importante ferramenta para auxiliar a indústria no processo de visualização de máquinas e equipamentos complexos. Por meio da realidade virtual podemos criar simulações imersivas para reduzir os riscos de acidentes de trabalho. O metaverso na indústria implica a introdução de ambientes 3D, avatares, além de um ambiente colaborativo para criar uma nova experiência para os trabalhadores que culmine no desenvolvimento de um novo projeto, na manutenção de equipamentos de forma remota, na simulação de uma nova linha de produção ou em ajustes de processos.

7.13
INVESTINDO NO METAVERSO

Antes de investir em novos projetos, startups e NFTs, você deve estudar o mercado, entrar em comunidades, fazer networking com outros investidores, encontrar-se com *founders* e analisar as melhores opções.

Ainda não temos Fundos de Investimentos Negociados em Bolsa (ETFS), nem uma moeda oficial ou uma entidade reguladora no metaverso. Mas startups focadas em metaverso ou NFTs começam a surgir numa nova onda, comparável ao *boom* da internet no final dos anos 1990.

VENTURE BUILDERS

Venture Builders (VB) são organizações que atuam sistematicamente no desenvolvimento de outras empresas de base inovadora e tecnológica (startups) aportando seus próprios recursos e se envolvendo na operação diária da startup – sim, já existem VB no metaverso.

Uma VB pode colocar a mão na massa em várias áreas, como na contratação de pessoas, auxiliando na parte jurídica, no modelo de negócios, bem como apresentando clientes. Você pode fazer parte de um VB no metaverso investindo o seu dinheiro junto a outras pessoas e ajudando de perto no crescimento da startup, no melhor estilo *smart money*.

PROPRIEDADE VIRTUAL

Não são novidade os movimentos de propriedade virtual. Em 2003 tivemos o *Second Life*, onde era possível comprar o seu terreno virtual.

Porém, a segurança fornecida pela rede blockchain impulsionou muito os aluguéis de terrenos e vendas de imóveis virtuais.

No campo da propaganda, há algum tempo já é possível fazer publicidade da sua marca em videogames. Agora o metaverso potencializa a publicidade.

Onde é melhor anunciar? Num outdoor em uma rodovia estadual ou ao lado de um prédio 3D no metaverso, onde se sabe a quantidade exata de avatares que circulam por ali e se conhecem seus hábitos? Também é possível comprar um terreno e criar uma espaçonave com a sua marca para chamar a atenção dos avatares e aumentar o tempo de exposição da propaganda. No metaverso há incontáveis possibilidades de criar experiências interativas entre uma marca e o público. Também é possível investir em escritórios, casas, fundo imobiliário, além de comprar terrenos virtuais. Já existe financiamento imobiliário no metaverso.

O jogo *The Sandbox* movimentou 86 milhões de dólares entre 22 e 28 de novembro de 2021 com a compra de terrenos. Mais de 300 milhões foram transacionados em vendas de NFTS na primeira semana de dezembro, e quase um quarto do valor foi destinado à compra de terrenos digitais no jogo, segundo o nonfungible.com.

Não importa se você comprou um terreno virtual esperando que ele valorize, ou se pretende alugar para uma empresa que ficou de fora, ou se você vai montar o seu próprio negócio. Terrenos virtuais são uma realidade e têm movimentado a nova economia de forma impressionante num curto espaço de tempo.

7.14
TURISMO

A pandemia ajudou a demonstrar que o setor de viagens é potencialmente vulnerável, mas mostrou aos clientes um novo caminho para se concentrar em viagens nacionais em vez de internacionais.

Essas vulnerabilidades ajudam a destacar uma das formas mais cruciais pelas quais o conceito de turismo no metaverso está ajudando a mudar a indústria de viagens. A ideia de mundos virtuais interativos pode ajudar a alterar o modo como os clientes se relacionam com outros locais e pode substituir algumas instâncias de viagens físicas, sem prejudicar o setor.

Quando falamos em turismo, vários pensamentos surgem: conhecer um novo lugar, uma nova cultura, distrair-se, descansar, aproveitar a gastronomia local e conhecer os pontos turísticos. Na verdade, buscamos uma nova experiência, algo que nos tire da rotina. E a experiência é uma das principais características do metaverso, que oferece uma viagem inédita através da realidade aumentada aplicada ao local de hospedagem, da gamificação dentro da pousada e das atrações locais.

TROCANDO O FÔLDER PELO VR

Agências de viagem podem promover o turismo de determinada região ou país por meio dos óculos de realidade virtual (VR). O cliente participa de um tour 360 graus em um resort, em um quarto de hotel, em um passeio na montanha-russa de um parque de diversões na Flórida etc. O objetivo é inspirar pessoas a viajar para certo local e, ao mesmo tempo, dar uma ideia do que elas vão encontrar em tal destino. Dessa forma, o metaverso pode contribuir significativamente para o aumento do número de reservas.

Assim, é possível ativar a imaginação das pessoas, despertar o desejo de terem também a experiência física no local, aumentando as chances de o cliente em potencial reservar sua viagem. Isso foi recentemente posto em ação pela empresa Amadeus, que, por meio de óculos VR, permitiu aos clientes pesquisar voos, comparar preços de hotéis e reservar quartos.

Se há dúvidas sobre o hotel, uma visita virtual ao destino turístico pode facilitar a escolha do cliente depois que ele passear com seu avatar numa réplica 3D da cidade e souber a distância do hotel até os principais pontos turísticos ou até o metrô. O mesmo conceito pode ser aplicado ao transporte, ajudando os hóspedes em potencial a calcular quanto tempo uma viagem levará. Isso significa que o metaverso pode incentivar turistas a concluir uma reserva ou a compra de pacote de viagem. Como visto, o *call to action* está presente a todo momento no metaverso.

O restaurante do hotel pode oferecer uma experiência prévia relacionada ao menu, mostrando como os pratos são preparados, as harmonizações possíveis e as celebridades que já passaram por lá, o que aumentará a chance de uma reserva ser feita.

Os hotéis podem oferecer espaços para celebrações virtuais, com o intuito de reunir amigos espalhados pelo mundo. Imagine que você tenha viajado para comemorar o seu aniversário, mas não conseguiu levar seus amigos. O hotel pode reunir todos em sua versão no metaverso.

Além de vender experiências sensoriais à distância, há a possibilidade de vender passagens aéreas, hospedagens, ingressos, alugar carros etc.

As experiências de realidade virtual podem ser usadas para substituir a necessidade de viajar, pois nelas as pessoas podem aproveitar para explorar atrações turísticas no conforto de sua própria casa, ou para aproveitar atrações adicionais que aprimorem as experiências reais de viagem. Se não está nos seus planos visitar Marte num futuro próximo, a NASA disponibilizou para o VR um passeio para o planeta vermelho. O game se chama NASA'S MARS 2030.

O Google disponibilizou tempos atrás o Google Earth VR, um jogo que permite ao usuário conhecer as principais cidades do mundo sem sair de casa. Além disso, vários museus, parques, zoológicos e aquários possuem a sua versão para download em realidade virtual.

Pensando num próximo nível, essas atrações turísticas virtuais também estão sendo usadas para sediar shows, eventos de entretenimento ou reuniões de negócios, todos virtuais, claro. Uma experiência imersiva sem que as pessoas saiam de casa possibilita a inclusão social e a acessibilidade.

7.15
CASAS NOTURNAS E CASSINOS

As recriações virtuais de casas noturnas permitem que as pessoas experimentem esse tipo de ambiente sem precisar sair de casa. Os gestores de casas noturnas virtuais podem monetizar a experiência, oferecendo opções para os usuários melhorarem seus avatares e assistirem a shows.

Os cassinos também podem operar em um espaço semelhante, proporcionando aos clientes jogar pôquer, roleta e blackjack virtualmente, além da interação social, tudo muito próximo da experiência real.

O Ice Poker é um cassino virtual no *Decentraland* que, com apenas três meses de criação, já movimentou cerca de 7,5 milhões de dólares.

7.16
CHEIRO NO METAVERSO (*DIGITAL SMELL*)

É possível sentir cheiro no metaverso? Sim, os primeiros dispositivos relacionados a isso já estão à venda. A OVR Technology desenvolveu um equipamento chamado ION, uma máscara combinada com óculos de realidade virtual que emite sinais baseados no odor. Esse recurso pode ter benefícios terapêuticos para pessoas que lidam com estresse e ansiedade.

A plataforma de bem-estar Inhale, da OVR Technology, insere os usuários em um ambiente tridimensional imersivo e simula um espaço relaxante e tranquilo. Conforme os usuários interagem com o ambiente virtual, aromas são liberados e se dissipam no mundo real através dos dispositivos de odor. Funciona da seguinte maneira: o avatar se aproxima de um objeto da realidade virtual – por exemplo, uma rosa digital – e uma pequena carga elétrica libera a fragrância correspondente.

A tecnologia de realidade virtual olfativa é *plug and play*, ou seja, é compatível com todos os headsets VR existentes e pode ser aplicada a qualquer conteúdo de realidade virtual por meio do *plug-in* de software universal.

A partir desse exemplo, você pode imaginar quais experiências poderão ser criadas, como lojas de perfumes em shoppings virtuais ou caminhadas com o seu avatar nas montanhas.

Conheça o site ovrtechnology.com/wellness.

8
EDUCAÇÃO NO METAVERSO

À medida que a tecnologia avança para nos trazer novos mundos imersivos e imaginários, a forma como educamos as crianças e preparamos os professores também deve avançar. Quando a educação fica atrás dos saltos digitais, a tecnologia, e não os educadores, define o que conta como oportunidade educacional. Foi o que aconteceu em grande parte com a introdução de aplicativos educativos projetados para serem usados em smartphones e tablets destinados a adultos. Apesar de a infraestrutura do metaverso ainda estar em construção, pesquisadores, educadores e designers digitais têm a chance de liderar o caminho e trazer as melhores práticas educacionais.

8.1
EXPERIÊNCIAS IMERSIVAS E SENSORIAIS

COMUNICAÇÃO IMERSIVA

A comunicação eficaz se tornou um dos maiores desafios em tempos de home office. Como engajar as pessoas?

O único meio de engajar o público de *smart professionals* e alunos é entregando conteúdo relevante e de forma imersiva e interativa. Para isso é necessário um metaverso à disposição de educadores, especialistas, palestrantes e qualquer pessoa que queira levar conhecimento para o grande público. Isso não acontece nas ferramentas de videoconferência, nem nas plataformas de EAD.

8.2
NA PRÁTICA

Dentro do metaverso, a proposta é aproximar cada vez mais o mundo físico do digital por meio de inúmeras tecnologias e recursos, como realidade aumentada, realidade virtual, ambientes 3D, avatares e inteligência artificial. Com isso, surgem novos espaços que oferecem experiências únicas.

A pergunta que mais aparece entre as inúmeras discussões sobre o que vem pela frente é: como o metaverso pode trazer avanços concretos no sistema educacional?

O metaverso não se limita ao mundo dos games, pois o mundo cibernético pode ter impactos positivos no processo de aprendizagem. É hora de começar a testar, experimentar, colocar em prática e mensurar os resultados iniciais do uso do metaverso na educação. Para isso, nada melhor que olhar para o ecossistema de inúmeras startups para aprender com seus projetos a introduzir um novo modelo de aprendizagem global e levar conhecimento de qualidade para todos os cantos do mundo por meio do metaverso.

Chegou a hora de a educação se beneficiar desse movimento.

Durante décadas escutei em feiras de inovação nos Estados Unidos e na Europa que tal ano seria a explosão do VR. Aí, ficava para o ano seguinte, depois para o outro, e assim vai. Em 2019, os óculos VR caíram de preço sem perder a qualidade. O ano de 2020, definitivamente, seria o marco da realidade virtual, mas aí veio a pandemia e essa demanda acabou sendo represada. Agora estamos "de volta ao jogo", e o que não falta são possibilidades.

Mas vamos direto ao ponto: como poderíamos melhorar a educação por meio de uma experiência no metaverso? Vejamos alguns exemplos:

Imagine um professor de história, com o conhecimento provido por livros, viagens e painéis de discussão com os seus colegas, tendo a chance de criar uma experiência para os seus alunos no metaverso. Em vez de contar um acontecimento histórico dentro da sala de aula ou por videoconferência, o professor proporciona uma aula imersiva no metaverso, onde o aluno, por meio de seu avatar, caminha pelo cenário, conversa com pessoas da época (NPCS-robôs), analisa de perto esculturas em formato 3D, discute com seus colegas avatares em tempo real o que está aprendendo e participa de atividades gamificadas geradas pelo professor;

além disso, tem seu empenho reconhecido com premiações que variam de um simples parabéns até livros, vouchers ou cupons de desconto.

Numa aula sobre a Segunda Guerra Mundial, o aluno poderá acompanhar Winston Churchill em suas tomadas de decisões estratégicas e, ao final da aula, verificar as consequências das decisões sendo teletransportado para o cenário resultante delas.

Imagine que um usuário assista a um vídeo em tempo real de um professor de história. O tema é Império Romano. Além do vídeo, o avatar dele pode caminhar por Roma em 3D e descobrir elementos da época, conversar com outros avatares e discutir sobre decisões tomadas por determinado imperador e suas consequências. Continuando o passeio, o especialista pede para o usuário caminhar mais um pouco pela sala de aula virtual até descobrir uma porta, que na verdade é um portal. Ao atravessá-lo, o avatar é levado para outro ambiente virtual, um jogo de estratégia no qual deverá tomar decisões, em conjunto com outros jogadores, que poderão levar o império à ascensão ou ao declínio. Todas as interações são salvas e a IA codifica relatórios para o professor analisar o desempenho de cada participante e identificar quais conteúdos precisam ser reforçados para os seus alunos. Esse mesmo exemplo pode ser utilizado para uma atividade dentro do corpo humano, para o fundo do mar ou para o Sistema Solar.

Imagine um professor contando sobre mitologia grega. De repente, uma linha do tempo é projetada no meio do chão da sala de aula. Os alunos afastam suas cadeiras para ver a projeção, prontos para retroceder ao ano 300 a.C., quando encontrarão uma nova realidade. Assim, eles entram no metaverso da cultura grega. Carroças passam pela sala, comerciantes nos mercados cercam os alunos e, no alto da colina, eles veem os templos dos deuses e os fiéis. Dessa forma, os estudantes exploram, fazem perguntas, ponderam e aprendem!

8.3
MELHORANDO A EXPERIÊNCIA

Em uma aula sobre o Império Romano, os estudantes podem vestir seu avatar com roupas épicas em vez do uniforme da escola. Para isso, basta entrar quinze minutos antes da aula no metaverso e comprar um elmo e até uma biga na lojinha do Chris (não importa quem ele seja; é alguém que disponibilizou tais itens dentro de um marketplace), ou então negociar uma típica sandália romana com outro avatar. Calma! Não para por aqui.

Se você esqueceu de comprar algo, uma mala, por exemplo, que tal entrar num estande 3D, ver todos os tipos disponíveis desse produto (afinal, espaço não é um problema no metaverso), ser atendido por um vendedor para tirar dúvidas e pagar com uma das criptomoedas disponíveis?

Resumindo, pelo metaverso é possível vivenciar uma aula de história participando ativamente dela, descobrindo conteúdos lúdicos, tomando decisões, trocando ideias com outros avatares e participando de inúmeras atividades gamificadas, ao mesmo tempo que se faz uma pequena compra. Essa rica experiência aumenta a capacidade de absorção do conhecimento de um modo infinitamente superior a uma aula do Zoom, na qual o aluno desliga a câmera e mexe no Instagram enquanto o professor fala – essa é a dura realidade das salas de aula desde a implementação do ensino emergencial à distância.

Isso não significa que não existirão mais escolas presenciais, pois o modelo híbrido deve prevalecer. A proposta aqui é manter o ambiente presencial, mas levar as aulas a um patamar mais elevado com auxílio da tecnologia. As escolas que saírem na frente oferecendo novas experiências aos seus alunos "beberão água limpa". Além das escolas, movimentos descentralizados podem transformar a aula de qualquer especialista em uma nova e incrível opção de aprendizado ao utilizar as ferramentas disponíveis do metaverso.

O metaverso precisa de pessoas com iniciativa, que desejem sair do campo da discussão e entrar definitivamente no campo da imersão. Agora é o momento.

9
PROFISSÕES DO METAVERSO

> *Pense na força do tempo e na percepção humana, escassas nos anos anteriores, onde não conseguíamos viver bem no mundo real, que muito em breve iremos conseguir vivenciar no mundo virtual.*
> ANUJ JASANI

Se o metaverso está atrelado à nova economia virtual, gerando oportunidades inéditas e movimentando a economia criativa, é natural que surjam profissões novas nesse universo. Esse mesmo fenômeno aconteceu com o surgimento da internet. Não existia a profissão de programador HTML, nem a de web designer, mas, com a evolução da internet, essas posições e empresas especializadas despontaram, oferecendo serviços de mídia social e cursos on-line, criando influencers, *growth hackers* e cientistas de dados.

Com o metaverso não será diferente. Se você está pensando em fazer transição de carreira ou está iniciando em uma, fique de olho nas ocupações geradas pelo universo cibernético.

Se você é o gestor de RH de uma empresa, é importante ficar atento a esse movimento, pois novos profissionais irão surgir, e possivelmente essa mão de obra será muito disputada no mercado. Atualmente temos um grande déficit de especialistas em áreas recentes de tecnologia, principalmente desenvolvedores.

A seguir, apresento uma lista de dezessete profissões – divididas em quatro categorias: finanças, indústria, tecnologia e varejo – resultantes do metaverso, segundo a consultoria britânica de recrutamento PageGroup. Os cargos foram descritos por Juliana França, gerente sênior da empresa. Procurei complementar a lista com alguns detalhes para ajudar você a entender as possibilidades vindas da tecnologia – por exemplo, em certas profissões, a liberdade geográfica e o nomadismo digital.

Em função da pandemia, o modelo do home office aumentou, porém muitas empresas rejeitam o modelo 100% remoto, preferindo adotar o sistema híbrido. Para quem mudou de cidade, ou até mesmo de país, e está sendo convocado para estar pelo menos duas vezes por semana no escritório, as novas profissões do metaverso podem ser uma excelente alternativa.

9.1
FINANÇAS

GESTOR DE INVESTIMENTOS

"Terá o papel de ajudar as pessoas a fazer os melhores investimentos no mundo de criptoativos para potencializar seus rendimentos dentro e, possivelmente, fora do ambiente do metaverso."[*]

Habilidades necessárias: inglês avançado, conhecimento sobre mercado de criptoativos, boa comunicação e capacidade analítica.

Com a explosão das criptomoedas e das novas corretoras, nós geralmente não conseguimos acompanhar todas as possibilidades de investimento. Para quem antigamente só tinha a poupança para investir e a renda variável, o mercado se tornou mais complexo com o surgimento das criptos, NFTs e terrenos virtuais. Anos atrás era impensável investir numa equipe de gamers que disputam campeonatos mundo afora. Imagine as possibilidades de investimentos que surgirão com o metaverso. Os novos criptoativos não podem mais ser ignorados na composição do portfólio do gestor de investimento, e esse especialista deverá expandir seu conhecimento na área. Pois é, o #LifeLongLearning tirando todos nós da zona de conforto mais uma vez.

---

[*] Todas as citações dos tópicos 9.1, 9.2, 9.3 e 9.4 foram tiradas do artigo de Arthur Vieira,. Em franca expansão, metaverso é a mais nova aposta do mercado. *Correio Braziliense*, Brasília, 22 maio 2022. Disponível em: https://www.correiobraziliense.com.br/eueestudante/trabalho-e-formacao/2022/05/5006999-em-franca-expansao-metaverso-e-a-mais-nova-aposta-do-mercado.html.

GESTOR DE PATRIMÔNIO E IMOBILIÁRIO DIGITAL

Segundo a PageGroup, esse profissional "fará a gestão dos terrenos, construções e propriedades dentro do metaverso. Além disso, trabalhará avaliando e prospectando melhores investimentos em imóvel digital para seus clientes".

Habilidades necessárias: inglês avançado, conhecimento sobre NFTs, acompanhamento de mercado imobiliário – fora e dentro desse universo – e bom relacionamento.

Sua empresa quer construir algo no metaverso? Por onde começar? Qual metaverso escolher? Quem vai construir, manter e atualizar? Quando e como devemos expandir a nossa presença virtual? Assim como o gestor financeiro precisa expandir seu conhecimento em investimentos no metaverso, o mesmo ocorre com o gestor de patrimônio.

ESPECIALISTA EM ESTRUTURAÇÃO DE LINHAS DE CRÉDITO

"Profissionais que irão estruturar linhas de crédito em criptomoedas para compra de NFTs dentro do metaverso."

Habilidades necessárias: inglês avançado, grande capacidade analítica e estatística e habilidade com números.

Hoje é possível fazer um financiamento imobiliário para comprar uma casa (real), e já existem também os financiamentos virtuais. Não é preciso comprar um terreno de 2,4 milhões de dólares, como fez o Metaverse Group em novembro de 2021 no *Decentraland*. (Claro, a empresa não fez essa compra via financiamento, mas o objetivo aqui é mostrar que essas transações serão cada vez mais comuns.) Se você quiser comprar um terreno em algum local estratégico para colocar a sua empresa ou iniciar um novo negócio, pode ser necessário um financiamento em criptomoedas.

ANALISTA DE TAXAS DE TRANSAÇÃO VIRTUAL

"Conforme as transações aumentem no ambiente do metaverso, os mineradores de dados precisarão de um apoio para analisar e criar melhores taxas dentro da blockchain para registro das operações em diferentes criptomoedas, e esse profissional, possivelmente um estatístico, terá essa responsabilidade."

Habilidades necessárias: inglês avançado, grande capacidade analítica, conhecimento em estatística e habilidade com números.

GERENTE DE SEGUROS FINANCEIROS

"Terá como responsabilidade vender seguros financeiros que protejam os investidores de criptoativos contra a oscilação das moedas no mercado. Provavelmente esse produto vai evoluir para seguros de NFTs, a depender de como se comporte a estruturação desses produtos."

Habilidades necessárias: inglês avançado, bom relacionamento, conhecimento sobre mercado de NFTs e conhecimento em seguros.

A alta volatilidade no mercado de criptomoedas nos faz pensar em fazer um seguro financeiro. Do mesmo modo que o seu patrimônio pode ser triplicado num curto espaço de tempo a partir do investimento em uma criptomoeda, o oposto também é verdadeiro, porque a criptomoeda pode desvalorizar 30% num único dia. Dessa maneira, as profissões financeiras dessa nova economia virtual deverão interagir entre si com o objetivo de buscar, ao mesmo tempo, rentabilidade e segurança para os seus investimentos, dado que o ambiente cibernético tem um caráter muito volátil.

9.2
INDÚSTRIA

ENGENHEIRO DE HARDWARE

"Os testes de simulação poderão ser aprimorados, com sensores de temperatura e pressão que, para serem criados, necessitarão de engenheiros de hardware. Eles construirão sensores de operações industriais seguros o suficiente para serem utilizados em testes industriais."

Habilidades necessárias: raciocínio lógico-matemático, conhecimentos de física, engenharia mecânica, design de produtos, expertise em inteligência artificial e modelagem 3D.

Vejo muitas startups espalhadas por aí procurando desenvolver óculos de realidade virtual mais acessíveis e com novos recursos. Vai ser sensacional se essas empresas conseguirem fabricar óculos VR a preços acessíveis e com novas funcionalidades, como a possibilidade de sentir cheiro, e equipamentos vestíveis repletos de sensores que nos permitam tocar objetos ou cumprimentar as pessoas do outro lado da tela.

Esse segmento começa de forma experimental; é o famoso MVP (ou produto mínimo viável), primeiro realizando os ajustes no hardware para depois definir esse produto mínimo (e não ideal) e começar o processo de produção em escala. O Google Glass foi um desses exemplos experimentais – para usá-lo você precisa inserir um celular num papelão recortado em formato de óculos com duas lentes, chamado Cardboard, então terá à disposição óculos VR a custo zero.

GERENTE DE SEGURANÇA

"Além dos sensores de segurança, o setor industrial abrange uma larga gama de leis de segurança do trabalho que precisam ser seguidas. O gerente de segurança auxiliará em como implantar estas leis na arquitetura de funcionalidade do metaverso, nos processos, design e nas etapas de validação."

Habilidades necessárias: conhecimentos de segurança do trabalho, operações de processos industriais, engenharia de produção e análise de negócio de sistemas.

Tanto num ambiente projetado pelos óculos VR quanto no metaverso é possível criar simuladores de rotas de fuga em caso de incêndio ou gamificar várias experiências realizadas durante a Semana Interna de Prevenção de Acidentes do Trabalho (Sipat). São recriadas simulações, desde como utilizar os equipamentos de segurança por meio do avatar durante a visita a uma obra, até como operar determinado equipamento, como organizar as pessoas em situações de pânico, enfim, cria-se uma experiência virtual com elementos lúdicos para, ao final, entender como as pessoas reagiriam em uma situação específica, sem correr os riscos possíveis da vida real.

DESENVOLVEDOR DE ECOSSISTEMA

"Responsável por coordenar as interações de indústrias e parceiros diferentes por meio da interoperabilidade de sistemas do metaverso. Ele articula todos os agentes corporativos, de governo e civis para criar funcionalidades em larga escala, entre diferentes experiências virtuais."

Habilidades necessárias: conhecimento de engenharia civil, legalizações, design de produto, modelagem 3D e inteligência artificial.

A interoperabilidade é talvez o maior desafio do metaverso, definindo como transportar um mesmo avatar e seus ativos de um metaverso para outro.

9.3
TECNOLOGIA

As próximas duas profissões estão relacionadas à segurança digital. Como é um assunto complexo e importante, você encontrará mais informações sobre esse tema no capítulo 10.

GERENTE DE SEGURANÇA DA INFORMAÇÃO E DE RISCOS

"Com o avanço da tecnologia, a área de segurança da informação cresceu bastante. Isso, somado à chegada do metaverso, irá gerar um grande investimento para que ele seja um ambiente seguro. Quem atuar nessa área terá de fornecer orientação e supervisão para que o desenvolvimento de tecnologias e ecossistemas seja seguro e que não haja falhas de segurança das informações. O especialista terá de prever com precisão como as funcionalidades do metaverso serão usadas e como serão os componentes críticos de segurança, sistemas e etapas de fabricação associados a essas previsões."

Habilidades necessárias: conhecimento em regras de segurança da informação e riscos.

ESPECIALISTA EM SEGURANÇA CIBERNÉTICA

Esse profissional vai "avaliar e bloquear invasões em tempo real e garantir que as leis e protocolos definidos pelo time de segurança da informação sejam reconsiderados e corrigidos".

Habilidades necessárias: experiência em segurança cibernética regular e/ou inclinações técnicas de sistemas.

ENGENHEIRO DE TECNOLOGIA DE METAVERSO

"Similar aos designers de games e engenheiros de software, o engenheiro de metaverso será como um construtor: terá que ter visão de futuro, já que muito do que será construído ainda não existe. Precisarão transformar ideias em tecnologia e soluções de produto, sempre considerando as regras e protocolos de segurança do mundo virtual."

Habilidades necessárias: conhecimento em linguagens de programação, além de vivência 3D e realidade virtual.

DESENVOLVEDOR DE AVATARES

Os profissionais dessa área "ajudarão na personalização de avatares para indivíduos e empresas. Profissionais com conhecimentos em programação e designer poderão se especializar também em realidade aumentada e 3D e se capacitar para ocupar este cargo."

Há um enorme mercado para profissionais de TI. Estamos em déficit na formação de designers, programadores, CTOs etc. Para esses profissionais, além das oportunidades atuais, tanto em startups quanto em empresas tradicionais, abrem-se oportunidades no metaverso.

CIENTISTA DE PESQUISA EM METAVERSO

"Responsável por construir o que se assemelha à teoria de tudo, na qual o mundo inteiro seja visível e possa ser acionado de maneira digital. A tecnologia será a base para jogos, anúncios, controle de qualidade em fábricas, saúde conectada e mais. Esses profissionais trabalharão com dados e informações e poderão vir com backgrounds de estatística e ciência de dados."

9.4
VAREJO

ESTILISTA DE MODA DIGITAL

"Com a evolução dos NFTs, alguns designers vão se especializar em desenvolver produtos para o mundo virtual, sejam *skins* ou acessórios."

Habilidades necessárias: estilismo e modelagem, design têxtil, ilustração, animação e modelagem 3D, história da arte e da moda, *gaming* e entretenimento.

DESIGNER DIGITAL

"Com a evolução dos cenários e das interfaces nos jogos, cada vez mais marcas criam cenários e lojas dentro desse mundo virtual, a fim de promover a melhor experiência. Alguns varejistas já estão experimentando inclusive a conversão para venda desses espaços, como o Walmart mostrou na última edição da National Retail Federation (NRF)."

Habilidades necessárias: computação espacial, programação, inteligência artificial, física aplicada, design gráfico, modelagem 3D, arquitetura, antropologia e ciências cognitivas.

DIRETOR DE EVENTOS

"Responsável por promover eventos virtuais, com a oportunidade de ter um alcance muito maior que num evento físico, vide lançamentos de músicas que alguns artistas fizeram com shows dentro de jogos."

Habilidades necessárias: relações interpessoais, psicologia, organização, cultura, empatia, versatilidade e navegação imersiva.

INFLUENCIADOR AVATAR

"Avatares criados a partir de influenciadores reais ou não. Atuam como influenciadores de marcas, com a vantagem de estarem sempre disponíveis e em vários locais ao mesmo tempo. Alguns varejistas também têm trabalhado com avatares, como a Renner e a Magalu."

Habilidades necessárias: psicologia, organização, influência, cultura, empatia, modelagem 3D, design gráfico e inteligência artificial.

PSICÓLOGOS E TERAPEUTAS

Não são novas profissões, mas com certeza esses profissionais terão que expandir suas áreas de conhecimento e entender as consequências negativas da exposição ao metaverso. No capítulo 11 escrevo sobre os impactos desse mundo virtual e sobre como devemos nos preparar para minimizar o lado negativo.

OPERADOR DE METAVERSO

Descrevemos todas as principais novas profissões. Mas, para além delas, acredito que, uma vez estabelecido determinado metaverso, será necessário um operador desse ambiente.

Imagine que esse operador poderá ser um guia turístico ou um especialista sobre a Grécia Antiga. Não se trata simplesmente de um ambiente educacional, conforme descrito no capítulo 8. Uma agência de viagens pode criar um metaverso contendo as principais cidades turísticas do mundo. Por se tratar de um metaverso, o operador, além de transmitir o seu vídeo para os demais avatares, fazendo uma espécie de workshop sobre as atrações locais, indica os melhores restaurantes, tira dúvidas, ativa ações promocionais ou inicia um quiz com premiações. Em determinado momento, é possível expandir esse metaverso e abrir um portal para outra cidade, fazendo um teletransporte dos avatares.

Por que esse operador é importante? Porque ele tem o controle sobre o grupo e desenvolve a dinâmica durante o período em que os avatares estão caminhando e descobrindo o metaverso. O operador deve saber o momento correto de ativar as gamificações, transmitir conteúdos lúdicos, lançar desafios e, claro, tornar a experiência mágica a ponto de os avatares quererem comprar o pacote para fazer a viagem. Esse profissional será necessário toda vez que um metaverso exigir um formato teleguiado, e o *call to action* será convertido em alta taxa de sucesso.

STORYTELLER

Storytelling é a habilidade de narrar histórias a partir de palavras, imagens, sons etc. Muito utilizada nos filmes, "a jornada do herói", por exemplo, criada por Joseph Campbell (1904-1987), pode ser a base de um jogo ou de uma experiência no metaverso. Uma história desse tipo começa sempre com um conflito, a recusa do chamado, depois vêm a necessidade de ajuda e a grande virada.

O *storyteller* criará dinâmicas imersivas para que os usuários possam explorar o metaverso.

10
CRIANDO UM PROJETO PARA O METAVERSO

Nos próximos anos, veremos a transformação dos nossos trabalhos e modelos de negócios, além do surgimento de novas profissões. Teremos produtos e serviços inéditos que, atualmente, nem conseguimos imaginar.

Da mesma forma que tempos atrás precisávamos ter uma câmera fotográfica, um GPS, um telefone e um computador, e todos esses equipamentos hoje estão em um único smartphone, em breve teremos inúmeras oportunidades provenientes da evolução natural do metaverso.

Saímos de um momento em que possuíamos vários hardwares para instalar vários softwares (aplicativos). Agora, vemos o metaverso oferecendo elementos importantes como experiência, personas (avatares) e propriedade.

O que impede você de experimentar?

Em média, 42% dos negócios falham pelo fato de não ter demanda, ou seja, o mercado não deseja esses produtos. Se você não experimentar, errar e corrigir, nunca saberá como adequar a sua oferta.

Isso também acontecerá no metaverso. Não existe plano perfeito, pois o mercado sempre superará a perfeição de um plano. O que existe é o empreendedor avaliar os resultados dos seus movimentos e fazer os devidos ajustes de forma rápida. Não estou dizendo que não se deve planejar ou definir uma estratégia; é preciso testar na prática um produto novo, nesse caso uma nova experiência, e escutar do mercado se haverá demanda para ele ou se está faltando algo.

Faça o seu MVP no metaverso, experimente, colha feedbacks e providencie os ajustes. Em algum momento, seu concorrente vai tomar essa iniciativa.

Quando as empresas desenvolvem uma estratégia de metaverso, elas precisam pensar nesse universo como parte de um todo, semelhante a uma estratégia *omnichannel*, em que não se nota diferença entre a experiência on-line e a off-line.

Antigamente a família se reunia para assistir a um programa de TV à noite e era impactada pelos anúncios das grandes marcas. Depois veio a internet, e as pessoas começaram a procurar por produtos, serviços e anúncios on-line, tornando-se um novo canal para os anunciantes. As mídias sociais resultantes da internet direcionavam os anúncios para uma audiência mais qualificada, porém o relacionamento entre marca e cliente depende de uma simples curtida. No metaverso será diferente, porque o ambiente cibernético poderá entregar não somente uma nova experiência promovida por uma marca, mas também a experiência que o público deseja, aumentando assim o engajamento e o tempo de exposição da marca de forma nunca vista antes.

Você pode pensar que atualmente a audiência do metaverso é pequena, mas será que essa conclusão está correta? Segundo Geoffrey A. Moore, autor do livro *Atravessando o abismo*, a adoção de tecnologia no mercado se divide em duas etapas: inicial e convencional.

Dentro do mercado inicial estão os inovadores e os *early adopters*, representando 2,5 e 13,5% dos usuários, respectivamente, do total do mercado. Tempos depois do lançamento dessa tecnologia e de ela ter sido divulgada, testada, publicada na mídia e terem ocorrido os primeiros cases, entramos na segunda etapa de adoção.

No mercado convencional, a adoção é dividida em três grupos: maioria inicial (34%), maioria tardia (34%) e retardatários (16%). Há análises que dizem que somente 16% do mercado, em média, vai testar ou consumir essa nova tecnologia. Mas o que um empresário tem a perder recusando essa fatia de mercado, ainda mais quando o concorrente ainda não está atuando no metaverso e ele tem a oportunidade de largar na frente? É preferível explorar essa nova fronteira e moldá-la com base na visão do mercado inicial ou seguir a visão de outras empresas, no mercado convencional?

Ainda não se sabe se o metaverso terá um controle centralizado nas mãos de poucos ou se será descentralizado e mais democrático, mas nada disso impede uma pessoa de fazer parte do pequeno grupo dos inovadores.

A SUA MARCA E A GERAÇÃO ALPHA

Quando analisamos a geração alpha, aqueles nascidos depois de 2010, enxergamos um grupo que não possui criptomoedas no momento, certo? Mas eles são os grandes testadores de jogos de blockchain, NFTS e metaversos, pois já estão dentro de jogos como *Fortnite*, *Roblox* e *Minecraft*, que utilizam esses mecanismos. Porém, essa geração deve entrar no mercado de trabalho apenas daqui a cinco, oito anos. E você? Vai esperar todo esse tempo ou prefere começar a se relacionar agora com essa geração?

Ressalto ainda que a adoção de tecnologias tende a aumentar seu percentual de participação no mercado inicial, pois há uma nova geração acostumada ao digital, que fez desse ambiente sua rotina. O Fórum Econômico Mundial (WEF) projeta que, até 2022, 60% do PIB global será digitalizado.

10.1
PRESENÇA NO METAVERSO

Umas das primeiras perguntas a serem respondidas no início da sua estratégia é: como atrair a sua comunidade, clientes, seguidores ou fãs? No mundo físico abrimos uma loja ou um escritório. Depois criamos o nosso site de e-commerce e fazemos campanhas no Google e nas mídias sociais, além de produzir conteúdo para atrair potenciais clientes. No metaverso a captação de clientes inicia-se por meio de um terreno virtual. É nele que um empresário vai construir a sua loja, prédio, casa, escritório, fábrica ou estádio, de forma semelhante ao processo de construção no meio físico. A próxima pergunta é: em qual cidade, bairro e rua do mundo virtual? Traduzindo: em qual metaverso? Para citar alguns: *Decentraland*, *The Sandbox* ou *Upland*?

Em breve teremos consumidores pesquisando por empresas e produtos no metaverso da mesma forma que pesquisamos no Google e nas mídias sociais. Nesse universo digital vamos caminhar com os avatares e encontrar as marcas. Essa será a forma de uma marca ser reconhecida!

10.2
LANÇANDO NFTs

Imagine que alguém queira lançar NFTS em determinado metaverso ou dApp. Pode ser uma coleção de arte digital relacionada à área de atuação (esportes, música, filmes, moda, pontos turísticos), uma linha de produtos (carros, bolsas, alimentos), roupas e acessórios para avatares e equipamentos ou itens que melhoram a performance de um jogador em um game, como um NFT de uma moto para poder circular mais rápido pelo metaverso. Esse NFTS podem ser adquiridos pelos usuários a partir de uma gamificação ou podem ser comprados no metaverso.

É importante constar na estratégia de venda desse produto digital o estímulo do mercado secundário, ou seja, que permita às pessoas comercializarem entre si os NFTS adquiridos, promovendo competições e girando a economia do metaverso.

Em uma venda tradicional de e-commerce, a marca recebe uma única vez por cada transação. Mas, ao estimular a venda de NFTS no mercado secundário, ambos, marca e dApp, recebem royalties. Isso não acontece nas transações físicas nem no e-commerce. Os royalties ou as comissões geralmente ficam em torno de 5%.

O metaverso será um novo canal de vendas para os negócios, então as empresas devem definir a quantidade e a frequência com que NFTS devem ser lançados, sempre tendo em mente uma palavra importante: escassez. Se barras de ouro fossem encontradas facilmente em qualquer esquina, elas teriam um valor próximo a zero, concorda? Em relação aos NFTS é a mesma situação. Portanto, o NFT deve ser desejado e transacionado quantas vezes for possível no mercado secundário.

A regra básica é: a quantidade de NFTS oferecidos sempre deve ser menor do que o tamanho do seu mercado. Imagine que um clube de futebol do interior tenha 10 mil torcedores cadastrados. Faz sentido o clube lançar 15 mil NFTS? Óbvio que não. Se eles lançarem 10 mil NFTS não haverá mercado secundário (imaginando um cenário em que cada torcedor compre apenas um NFT). Mas e se um torcedor/investidor comprar metade da coleção? A ideia é restringir o número de compras por usuário ou criar gamificações para atrair mais torcedores e aumentar o engajamento. Uma forma de fazer isso é criar NFTS que dão acesso a clubes exclusivos, a conteúdos inéditos de uma comunidade no Discord, a festas temáticas, jantares com celebridades, pocket shows, workshops com especialistas, entre várias outras possibilidades.

Imagine que você, um artista, tenha lançado uma coleção de NFTS que virou um sucesso. Uma marca pode adquirir um NFT dessa coleção e utilizá-lo em campanhas ou até como garoto-propaganda, dependendo do tipo de arte.

Vale lembrar: um NFT pode ser vendido de forma fragmentada, ou seja, um NFT muito caro pode ser adquirido por diversas pessoas como forma de investimento. Isso serve tanto para a compra de um imóvel real quanto para uma arte digital de um artista famoso. Um músico pode vender seu próximo álbum por meio de NFTs para os fãs e estes receberem royalties das músicas. Ao investir em sua banda favorita, o fã ainda recebe de volta parte da receita quando essa música faturar via streaming.

Se nas mídias sociais o sucesso depende do engajamento, no metaverso não é diferente, porém ele oferece novas camadas de experiências imersivas para os seus clientes ao reunir tecnologias como realidade aumentada, virtual, inteligência artificial, 5G e blockchain. Quanto melhor a experiência oferecida, maior a utilidade do NFT.

Além de poder criar o próprio negócio no metaverso, é possível lançar games NFTS (*play to earn*), vender ingressos para eventos presenciais através dos NFTs, entre outras possibilidades. Os NFTs tornam o armazenamento mais seguro e são vistos como colecionáveis.

PFP NFTS

PFP é um acrônimo em mensagens de texto e mídias sociais. Significa foto para prova e foto de perfil (*picture for proof* e *profile pic*). Ao usar um PFP NFT como identidade digital, o usuário do metaverso pode despertar interesse na comunidade que integra ou atrair novos seguidores. Imagine usar um NFT do Bored Ape como identidade no Instagram? Ou um NFT de uma banda ou clube favorito?

10.3
EXPERIÊNCIA

Devemos observar como os consumidores investem o seu tempo no metaverso. Seja jogando, assistindo a um show, seja se conectando, aprendendo e comprando.

Imagine encontrar determinada marca num metaverso específico. Que tipo de experiência essa marca pode oferecer? Um workshop com um especialista? Um game cujo prêmio é um NFT que dará direito a certo benefício?

As experiências no metaverso serão executadas num ambiente 3D, onde o seu avatar interage com conteúdos lúdicos, conversa através de áudio espacial, assiste a transmissões ao vivo (esportes, shows, palestras, desfiles etc.) e tem NFTs disponíveis tanto para compra quanto para receber como recompensa após concluir uma gamificação.

Como a sua marca pode gerar valor no metaverso? Investindo em valor intangível: experiência, comunidade, marca e história para gerar valor real no metaverso. Lembre-se de que as pessoas não querem somente comprar algo; elas querem fazer parte das suas marcas favoritas e dos mundos digitais criados.

Um exemplo, que ocorreu no mundo real, é o caso da cervejaria Leuven, fundada por mim, meu irmão Alexandre Godoy e minha esposa, Samira Garbozza, em 2010 – ao longo do tempo, ganhamos novos sócios por meio da modalidade de *equity crowdfunding*.

Atualmente, com mais de oitocentos sócios investidores, a Leuven criou um conceito de comunidade no mundo real na qual todos se tornaram embaixadores da marca, unindo os elementos de pertencimento e propriedade. Essa mesma comunidade pode ajudar a construir o novo mundo virtual da Leuven, não pelo simples fato de poder comprar produtos e ajudar na criação de experiências, mas por já serem parte da marca no mundo real e agora poderem expandir e exercer o seu direito de propriedade no metaverso. Muitos poderão se conectar e interagir pelo metaverso, uma experiência muito diferente daquela proporcionada por um grupo de WhatsApp.

O metaverso oferece experiências, produtos e investimentos para os seus usuários. Quanto mais engajada for a sua comunidade, mais valor vai gerar para a marca, para o cliente e para a sociedade.

10.4
PHYGITAL

Esse é o momento em que as marcas podem agregar mais valor para os clientes por meio da integração do mundo físico com o digital, o *phygital*. Os NFTs adquiridos no metaverso podem dar direito a benefícios exclusivos para os consumidores, como um desconto especial na loja física ou virtual, poder reservar um lançamento de forma antecipada e participar de eventos exclusivos no mundo físico, como uma festa, um desfile, uma degustação de vinhos, um test-drive ou a retirada de um brinde numa loja.

Pense na forma como você vai engajar a sua comunidade, seus fãs ou consumidores para atraí-los para o metaverso, criando conteúdos, discutindo no Discord e trazendo benefícios para o mundo físico.

10.5
DADOS

Já falamos sobre os vários estágios e pilares da inserção de um negócio no metaverso. Enfatizamos a questão das experiências oferecidas e das transações NFTS. Porém, os dados coletados no metaverso é que são o verdadeiro ouro do mundo virtual. Por meio desses dados, as marcas conseguem tomar decisões melhores para aperfeiçoar produtos existentes ou lançar novos. O trabalho delas também acaba por apoiar a criação de novas experiências imersivas e de conteúdos educacionais.

Se você atua no ramo de confecção de roupas, por exemplo, pode lançar NFTS como acessórios para avatares. Será que um colete dourado vai performar melhor que um prateado? Basta analisar os dados de como a sua comunidade vai responder. Uma agência de turismo pode lançar experiências inéditas para os seus clientes: uma modelagem 3D das pirâmides do Egito para o avatar ir descobrindo a região e sua história de forma lúdica; ou então um game temático que libera um NFT para comprar pacotes com descontos ou uma palestra com um especialista sobre o Egito Antigo. Qual experiência poderá gerar mais vendas?

10.6
MOEDA

Em qual moeda fazer transações? Quanto maior o leque disponível, melhor, certo? Algumas moedas só têm valor dentro do seu dApp. Muitos jogos possuem um token próprio, e para comprá-lo é preciso transferir dinheiro do banco do usuário para uma corretora, então adquirir ether (da Ethereum) e só depois, conectar a MetaMask para enfim conseguir comprar a moeda do jogo. UAU! Quase uma volta ao mundo para a maioria e algo comum para uma minoria que já atua dessa forma.

O ponto aqui não é falar do esforço, mas mostrar qual o valor de uma moeda virtual de determinado jogo se esse valor não reflete no mundo real. É algo que deve ser pensado estrategicamente: quão fácil deve ser a entrada/acesso ao metaverso para os jogadores? Mais uma vez, é preciso pesquisar plataformas que ofereçam a menor barreira de entrada possível para novos usuários e que facilitem a compra do token – esses fatores são relevantes durante a sua escolha do dApp ideal para lançar uma marca.

11
SEGURANÇA DIGITAL

Com a larga presença da tecnologia nos vários setores da sociedade, nas empresas, nas instituições e nos governos, a segurança digital passou a ser um dos temas mais importantes, principalmente em função dos frequentes ataques cibernéticos.

De acordo com a Symantec, o Brasil é o terceiro país mais atacado ciberneticamente em dispositivos conectados à internet; cerca de 9,8% de todas as ameaças detectadas pela empresa aconteceram em nosso país. A China ocupa o primeiro lugar (24%), seguida dos Estados Unidos (10,1%).

11.1
O QUE É SEGURANÇA DIGITAL?

A segurança digital envolve todos os processos implantados para proteger computadores, redes, servidores, programas e dispositivos conectados na IOT contra ataques cibernéticos. Consiste também na não violação da confidencialidade, integridade e disponibilidade de autenticidade de documentos e dados pessoais. É função do departamento de TI de uma empresa bloquear todas essas ameaças.

No mundo todo, têm se tornado cada vez mais frequentes os ataques de hackers a redes bancárias, a e-commerces ou a outros sistemas. Esses ataques são capazes de paralisar uma empresa durante dias, ou até mesmo inviabilizar qualquer meio de pagamento eletrônico. Imagine o prejuízo de um negócio parado por uma semana se o seu sistema não consegue receber através de nenhum formato de pagamento eletrônico, seja numa loja física ou on-line; ou de um banco cujo sistema fica por algumas horas fora do ar, indisponibilizando o pagamento de boletos ou impossibilitando as transferências bancárias. Ou, então, imagine ter o cartão de crédito clonado e a conta bancária zerada; ou, por fim, ter congelados todos os dados do computador, que só serão liberados mediante o pagamento de um resgate. O usuário nem sabe de onde veio o ataque ou quem é o cracker, só sabe que precisa pagar em criptomoeda. Nenhum rastro para a polícia investigar. Isso pode acontecer ao clicar em um link desconhecido ao receber um e-mail ou uma mensagem no WhatsApp. Quem ainda não passou por uma tentativa de clonagem de WhatsApp? São tantos os casos e os exemplos que, se não passamos por algum deles, já tivemos algum conhecido que passou.

Também é necessário proteger os dados corporativos, como o número de vendas, a carteira de clientes e as estratégias de marketing e pesquisas em desenvolvimento. Cada vez mais se usam softwares hospedados em nuvem que, com um simples login e senha, dão acesso a informações importantes. É por isso que a famosa senha "123" não é nada segura. Hoje existem softwares de criptografia cuja função é gerar senhas complexas e armazená-las num cofre digital.

11.2
DIFERENÇA ENTRE HACKERS E CRACKERS

HACKER

A palavra "hacker" geralmente é associada a alguém que invade um sistema bancário ou um computador para prejudicar os usuários. Eles até têm capacidade técnica para fazer isso, mas essa não é a definição correta de um hacker.

Os hackers são profissionais que estudam formas de acessar determinado sistema com o intuito de descobrir suas fragilidades e melhorar a segurança digital. Eles basicamente procuram brechas e falhas no sistema e buscam soluções para corrigi-las.

Por exemplo, se eu entregasse o meu notebook para um hacker, ele poderia me mostrar formas de melhorar a segurança digital do meu dispositivo por meio de soluções como a instalação de novos softwares, senhas complexas, configuração de ferramentas que detectam sites maliciosos e fechamento de portas de acesso. Uma analogia para explicar o papel de um hacker é: imagine uma casa com entrada pela garagem, pela porta principal e pela porta dos fundos, além de ter inúmeras janelas e até uma chaminé. Quanto mais possibilidades de entrada, mais fácil fica para alguém entrar na casa. A função do hacker é eliminar as entradas desnecessárias e reforçar outras, como uma empresa de segurança que instala cadeados, câmeras de vigilância, alarmes, grades e armadilhas para fortificar uma casa. Imagine um bunker de concreto com uma única porta de entrada, sem janela e cercado por seguranças, circuito interno de câmeras, alarmes etc. Isso dificultaria, com certeza, a ação de um invasor.

CRACKER

O conceito negativo de invasão e danificação de sistemas, roubo ou sequestro de dados deve ser associado aos crackers, pessoas com profundo conhecimento em tecnologia, mas que usam sua sabedoria em favor de si mesmos, em atos criminosos. Eles instalam espiões remotos a fim de ter acesso às senhas e disparar e-mails indesejados em nome do usuário.

Você já recebeu mensagens muito parecidas com aqueles e-mails automáticos de banco? Geralmente elas pedem para você atualizar seus dados clicando em um link, mas o remetente é um endereço bem estranho, como bancoX@%twqre.com. Pois é, essas mensagens são conhecidas como *phishing* e têm por objetivo burlar sistemas para obter alguma vantagem ou prejudicar pessoas ou empresas.

Outro exemplo recente foi a declaração do vice-premiê ucraniano, Mykhailo Fedorov, 31 anos, convocando crackers para causar estragos em sites e serviços on-line russos, com o objetivo de causar um bloqueio digital. Isso mostra que a guerra também chegou ao mundo digital.

Como posso me proteger?

→ Não abra links e arquivos desconhecidos.

Utilize softwares originais e mantenha-os atualizados, instale um antivírus e um firewall. Os firewalls são dispositivos que aplicam parâmetros de segurança em redes, bloqueando acessos indevidos e evitando operações pouco seguras. Podem ser aplicados em qualquer tipo de computador, sendo indispensáveis em redes de empresas. Converse com o responsável de TI para instalar o firewall no computador de sua casa e empresa.

→ **Instale em seu celular um aplicativo de verificação em duas etapas.**
A verificação em duas etapas é uma integração de ambientes, como o mobile e os computadores, que garante que apenas o próprio usuário acesse sua conta. Nesse caso, a checagem de informações em dois ambientes sempre será solicitada para assegurar que a mesma pessoa é dona dos dois pontos de acesso.

Além disso, é possível habilitar as notificações de segurança. Fazendo isso, se alguém tenta acessar a sua conta de e-mail, por exemplo, você receberá uma mensagem por e-mail ou por SMS avisando da tentativa de acesso.

→ **Não esqueça de fazer backups regularmente.**
Seja usando um serviço na nuvem como Google Drive, Microsoft OneDrive, Apple iCloud ou Dropbox, seja através de um HD externo, faça backups regularmente. Mas afirmo: a nuvem é mais prática e segura. A ideia é garantir o acesso e o armazenamento de todas as informações e todos os arquivos.

12
IMPACTOS, REFLEXÕES E CONCLUSÕES

12.1
IMPACTOS

Será que o metaverso é capaz de aumentar o nível de felicidade do ser humano?

A teoria do bem-estar ou busca da felicidade, chamada PERMA™ e desenvolvida por Martin Seligman, é composta por cinco blocos: emoção positiva, engajamento, relacionamentos, significado e realização. Será que a tecnologia por si só é capaz de entregar todo esse pacote? Acredito que não, pois ela é uma ferramenta, não um propósito. Somente nós, seres humanos, somos capazes de entregar esses cinco elementos propostos por Seligman.

NFT E O IMPACTO AMBIENTAL

É necessária uma grande quantidade de energia para operar uma rede blockchain.

A rede Ethereum vem sendo criticada e ao mesmo tempo reformulada por seu criador, Vitalik, pelo fato de consumir mais eletricidade do que muitos países. A nova versão do Ethereum tem como objetivo reduzir esse consumo.

Segundo a Wired, a emissão de NFT queima 8,7 megawatts em dez segundos, o que fica próximo do consumo de energia de uma família durante um ano. A maioria dos NFTs é feita a partir da rede de blockchain Ethereum. Ela consome cerca de 27 trilhões de watts por ano.

UMA NOVA ROTINA?

Peço comida, compro, jogo, converso com as pessoas, trabalho e sou remunerado no metaverso. Será que vou querer sair de casa? Já escutei essa pergunta em algumas lives. A sensação de que não vou mais precisar sair de casa e de que posso passar de dez a dezesseis horas no metaverso é, na minha opinião, algo muito assustador.

Por mais entusiasta que eu seja do tema, reforço a questão do modelo híbrido como o melhor para o ser humano, embora muitas pessoas defendam uma vivência total no mundo cibernético. Por exemplo, o jogo *Fortnite* atualmente oferece vários atrativos, como jogar, conversar com os amigos, assistir a shows e comprar skins. Daí o fato de a Netflix temer o *Fortnite* e não os seus concorrentes de streaming. As pessoas gastam cada vez mais tempo em atividades on-line do que gastam no mundo off-line. Algumas faixas etárias passam mais tempo jogando do que assistindo à Netflix. Um jovem indiano de dezesseis anos morreu após jogar *Playerunknown's Battlegrounds* por vários dias seguidos. De acordo com informações, o adolescente não parava de jogar nem para se alimentar ou beber água.

A vivência extrema no mundo virtual poderá acarretar a incapacidade de distinguir a realidade da ficção e, consequentemente, levará à alienação. Não sou nenhum especialista comportamental ou psicólogo para afirmar isso, mas evidentemente há fatores negativos em torno do metaverso. O metaverso será muito bom para os negócios, para a educação e para as empresas de TI. Mas será que trará os mesmos benefícios para as relações entre as pessoas?

A obsessão por likes está associada a fatores que podem ocasionar a depressão. No metaverso, a obsessão será em torno de questionamentos como: e se não gostarem do meu avatar? E se eu não fizer sucesso no metaverso? E se eu não conseguir ganhar dinheiro? E se eu perder tudo? E se meu avatar sofrer bullying ou assédio sexual? Como será a minha reação, dos meus filhos, familiares e amigos em uma dessas situações?

A Meta quer fazer o rastreamento do movimento dos olhos e da expressão facial de usuários que usam óculos VR para navegar no metaverso. Quais serão as intenções de Mark Zuckerberg, conhecido por capturar dados sem permissão por meio de suas redes sociais? Ele será conhecido como o rei do MetaPerverso? Desculpe o trocadilho.

No Vale do Silício se fala muito sobre *ambient computer*, ou ambiente computacional. Trata-se de estar dentro do computador em vez de acessá-lo. É a necessidade de estar sempre on-line. Esse é o cuidado que devemos tomar!

Ainda é cedo para elencar ou definir os aspectos negativos do metaverso, porém, com base no que se vê nas mídias sociais, é justificada a preocupação dos pais, psicólogos, educadores e autoridades com o aumento de problemas psicológicos e comportamentais decorrentes da exposição prolongada na internet. Se já há tais problemas com o 2D, imagine em um ambiente mais atrativo, imersivo e socializável. O debate sobre os pontos positivos e negativos dessa novidade deverá ser sempre aberto e democrático para, assim, sermos capazes de resolver os problemas e minimizar os impactos negativos, sempre a favor da evolução da tecnologia e da sociedade como um todo.

12.2
REFLEXÕES

Muitas perguntas surgem no meio do caminho. Para algumas já temos respostas, o que nos dá uma noção do que pode acontecer. Outras continuarão como um grande ponto de interrogação. Conforme o tempo for passando, as respostas e as definições se tornarão mais evidentes, mas estamos apenas no início da construção desse novo mundo virtual.

Deixo aqui algumas provocações para você refletir.

- → Você compraria uma casa hoje no metaverso?
- → No futuro nos tornaremos humanos virtuais?
- → Hoje você tem mais interações com pessoas por meio de uma tela ou presencialmente?
- → A desumanização virá através da tecnologia?
- → Você acha que encontrará felicidade numa tela ou em óculos VR?
- → Em algum momento viveremos em uma sociedade 100% virtual?
- → Teremos mais liberdade ou mais vigilância? Mais amigos ou mais solidão? Mais realidade ou mais simulação?
- → Até o momento, as plataformas moderam textos, áudios, imagens e vídeos. Como moderar um espaço tridimensional povoado por avatares?
- → As pessoas realmente serão personagens centrais dessa nova tecnologia ou mais uma vez colocaremos lucro e crescimento acima de tudo?

12.3
CONCLUSÕES

Ao invés de um metaverso centralizado, como vemos no livro e filme *Jogador nº 1*, as comunidades de tecnologia acreditam em um ecossistema aberto e interoperável, que não seja dominado por uma única empresa, e multiplicado em vários metaversos, pois precisamos de competidores, e não de uma única empresa no controle de tudo. A concorrência sempre foi e sempre será necessária em qualquer mercado, tanto real quanto virtual. Como disse Mark Zuckerberg, "esperamos que, no futuro, perguntar se uma empresa está construindo um metaverso soe tão ridículo quanto perguntar como a internet está indo".

Entender o metaverso leva tempo e exige estudo, mas faz valer a pena cada segundo dedicado. Não basta, contudo, somente ler e estudar: é preciso aplicar esse conhecimento no metaverso. É necessário experimentar, testar, discutir e tirar suas próprias conclusões. Num curto espaço de tempo, você já começará a identificar inúmeras oportunidades para fazer negócios.

Muitos questionam a chegada do metaverso e sua potencialidade. Novas tecnologias sempre despertam sentimentos diversos e muitas vezes negativos.

Em 1920, jovens dos Estados Unidos ficavam em casa escutando jogos de beisebol pelo rádio, enquanto a geração anterior os demonizava por não estarem do lado de fora jogando.

Em 2007, a Amazon lançou o leitor de livros eletrônicos Kindle, cuja interface possibilitou carregar inúmeros e-books em um único aparelho. Outras novidades do Kindle são o uso de fontes especiais para leitores com dislexia e a integração entre vários devices (Kindle, celular e desktop), permitindo que o livro abra sempre na última página lida, independentemente de qual equipamento o leitor utilizasse. Não estamos falando de o Kindle substituir o livro físico, mas de ser um complemento para ele, uma nova experiência.

O mesmo aconteceu com a chegada da TV, do pager, da internet, dos celulares, das mídias sociais, enfim, sempre haverá uma nova tecnologia que será condenada num primeiro momento.

Passamos pela TV, pela internet, e agora chegamos ao metaverso e às várias tecnologias que formam a base da Web3. Muitos condenam a febre dos NFTs, afirmando ser uma jogada de marketing, loucura ou mera especulação. Sim, há de tudo um pouco, mas é inegável que isso está fazendo a economia virtual girar.

Porém, precisamos ir mais fundo e entender por que isso está ocorrendo. Por que os jovens compram "coisas que não existem"? Devemos nos preocupar em entender o que está por trás disso.

Essa problemática tem a ver com a forma de comunicação entre as pessoas. Achar que a comunicação é baseada somente em palavras é um engano. Os seres humanos também se comunicam através do que compram, do que possuem. Quando decidimos comprar algo, também pensamos no significado disso para os outros.

Talvez os pais tenham dificuldade de entender essa forma de comunicação, mas basta lembrar que os adultos também agem assim. Cortamos o cabelo, compramos roupas, os homens deixam a barba crescer e as mulheres fazem as unhas etc. para transmitir uma imagem. É um comportamento social. As crianças têm necessidade de se comunicar e formar uma identidade por meio de ações digitais. Não tenha dúvida que o NFT já é um sucesso.

Com a chegada do 5G e a previsão de lançamento de novos dispositivos vestíveis (provavelmente novos óculos mais leves e poderosos) pela Apple, pela Meta (Facebook), Samsung, HTC ou algum outro grande player do mercado, a realidade mista irá proporcionar experiências que facilitarão a vida do ser humano e ampliarão as possibilidades de comunicação. E esta é a que mais importa, pois é utilizada para se expressar e aprender.

Se as possibilidades vão aumentar, fico aqui imaginando quais serviços inovadores surgirão, quais startups trarão produtos e serviços que são inimagináveis até o momento. Dizer que a tecnologia 5G vai permitir a circulação de carros autônomos é somente a ponta do iceberg. Imagine um metaverso em alta velocidade (entenda-se conexão de qualidade) em dispositivos cada vez mais inovadores.

O metaverso já é uma realidade. Que possamos ter, por meio dele, melhores experiências sociais, culturais, econômicas e de aprendizado. Em vez de falar do quanto o metaverso é complicado, pesquise, experimente, crie, aplique-o ao seu negócio e colha os resultados. Daqui a dez anos, os novos líderes de mercado serão os que mais rapidamente aproveitaram as oportunidades criadas pelo metaverso, seja uma startup que nem foi criada, seja um desconhecido que se tornou celebridade, se conectou com milhões de pessoas, criou produtos e serviços imersivos e interagiu em um contexto totalmente diferente do de hoje.

Nesse novo universo, você vai participar como protagonista ou como espectador? Espero que nos tornemos mais humanos do que desumanos, mas isso só o tempo dirá. Não custa pedir, mesmo assim, que você se dedique mais ao primeiro ponto. Estude, interaja, aproveite as oportunidades e viva os seus sonhos no metaverso. A única limitação de possibilidades é a sua imaginação, a sua capacidade criativa.

Nos veremos do outro lado!

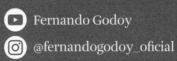

▶ Fernando Godoy
◉ @fernandogodoy_oficial

Fontes NEW GROTESK ROUND, AMALIA
Papel ALTA ALVURA 90 G/M²
Impressão GEOGRÁFICA